Auch das Gewächshaus bzw. ein Frühbeet/Folientunnel ist ein idealer Platz. Wegen der meist sehr intensiven Sonneneinstrahlung muß jedoch schattiert werden.

Balkon/Keller

Wer keinen Garten hat, kann seine Braunkappenkultur auch auf dem Balkon oder im Keller anlegen. Ein entsprechend großer Behälter, Kiste o.ä., wird 20 cm hoch mit Erde gefüllt und der Ballen daraufgelegt.

In Räumen ist dabei unbedingt auf eine leichte aber ständige Luftbewegung zu achten (Fenster öffnen), ohne die ein Myzelwachstum nicht möglich ist. Ferner brauchen die Pilze etwas Licht. Ein kleines Kellerfenster genügt allerdings bereits.

Da diese Art der Kultur nicht den idealen Voraussetzungen entspricht, sollte sie nur als Notbehelf dienen. Mindererträge und völliges Mißlingen sind leider nicht auszuschließen.

Gesundes Stroh

2

Als Nährgrundlage (Substrat genannt) benötigt dieser Speisepilz ganz normales Stroh in Ballenform.

Strohballen erhalten Sie bei nahezu jedem Landwirt oder im Landhandel, wie etwa bei der Baywa, im Raiffeisen- oder landwirtschaftlichen Lagerhaus.

Sollten diese kein Stroh vorrätig haben, so kann im allgemeinen zumindest ein Landwirt vermittelt werden, der Stroh abgibt.

Die Ballen sollten etwa 10 – 15 kg Trockengewicht haben, wobei die Ballenform keine Rolle spielt.

Weizen-, Roggen- und Gerststroh sind gleich gut zu verwenden. Haferstroh ist infolge seiner Struktur weniger gut geeignet.

Ein Ballen kostet nur wenige D-Mark.

Hochdruckgepreßte Ballen sind vorzuziehen,da bei niederdruckgebundenem Stroh geringere Erträge zu erwarten sind.

Nur völlig trocken gelagerte Strohballen erfüllen die Voraussetzung für einen erfolgssicheren Anbau von Braunkappen.

Gesundes Stroh erkennt man an der goldgelben bzw. goldbraunen Farbe. Die Halme sind fest und knackig und lassen sich nur mit Mühe zerreißen.

Oft wird gefragt, ob Stroh verwendet werden kann, das während des Getreidewachstums mit Pilzbekämpfungsmitteln (Fungiziden) behandelt wurde. Da Fungizide recht schnell abbauen, dürften diese keinen Einfluß auf die Kultur haben.

Krankes Stroh

Schimmeliges bzw. muffig riechendes Stroh sollte gar nicht erst genommen werden, da es das Wachstum des Kulturpilzes hemmt und sogar zum völligen Mißlingen des Anbaus führen kann.

Ungeeignetes Stroh ist grau bis schwarz und riecht unangenehm. Es ist oft sichtbar von grauem bzw. grünem Schimmel befallen.

Pilzbrut (Samen)

3

Außer Stroh wird Pilzbrut (Samen, auch Pilzmyzel oder Pilzgeflecht genannt) benötigt. Sie ist im guten Gartencenter bzw. im Samen/ Gartenfachhandel erhältlich. Eine Packung kostet etwa DM 17.- bis DM 20.- und ist für 2 Strohballen ausreichend.

Sie sollte übrigens – und dies gilt für alle Pilzbrutarten – bis zum Verbrauch kühl (Keller) aufbewahrt werden, am besten bei einer Temperatur zwischen + 2 und + 10 Grad. Sie ist dann ca. 8 – 12 Wochen haltbar.

Lagertemperaturen über 25 Grad sollte sie nur kurzfristig (höchstens ein paar Tage) ausgesetzt sein. Temperaturen über 30 Grad sind zu vermeiden. Frost darf sie ungeschützt keinesfalls abbekommen.

Brutqualität

Es wird ausdrücklich darauf hingewiesen, daß der Anbauerfolg entscheidend von der Qualität der Brut abhängt.
Leider kann der Laie kaum feststellen ob die Brut gesund und somit voll keimfähig ist. Deshalb ein Hinweis: Gute Brut muß frisch sein und angenehm nach Pilz riechen. Beim Kauf sollte man deshalb auf bewährte Markenbrut zurückgreifen, am besten mit Garantieerklärung des Züchters, wie z. B. bei Pilzbrut von Neudorff.

Anbaupraxis

Sind Strohballen und Pilzbrut besorgt, wird zur Praxis übergegangen.

Das Durchfeuchten der Strohballen ist die wichtigste und zugleich umständlichste Arbeit. Sie ist jedoch notwendig, weil das Pilzmyzel nur bei ausreichender Feuchtigkeit wachsen kann. Da Stroh im allgemeinen sehr trocken ist, müssen deshalb die Ballen gründlich gewässert werden.

Wässern

Dies kann auf mehrerlei Arten geschehen:
Steht ein Behälter (Regentonne, Bottich o.ä.) zur Verfügung, taucht man den Ballen für etwa 48 Stunden unter Wasser.

Auch ein Schubkarren ist dafür recht gut zu gebrauchen. Es dauert dann allerdings 2 mal 48 Stunden, da das Stroh nur etwa halb unter Wasser liegt und der Ballen deshalb gewendet werden muß.
Bei diesen Bewässerungsarten bitte Wasser zweimal wechseln.

Eine andere Möglichkeit, den Strohballen zu nässen, erfolgt mittels Wasserschlauch bzw. Gießkanne. Dies dauert etwa 5 – 7 Tage und hat so zu erfolgen, daß das Stroh etwa 10mal täglich begossen wird, bis das Wasser unter dem Ballen wegläuft.

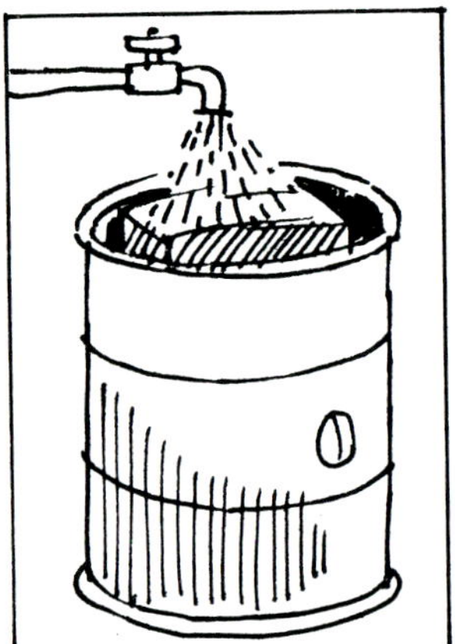

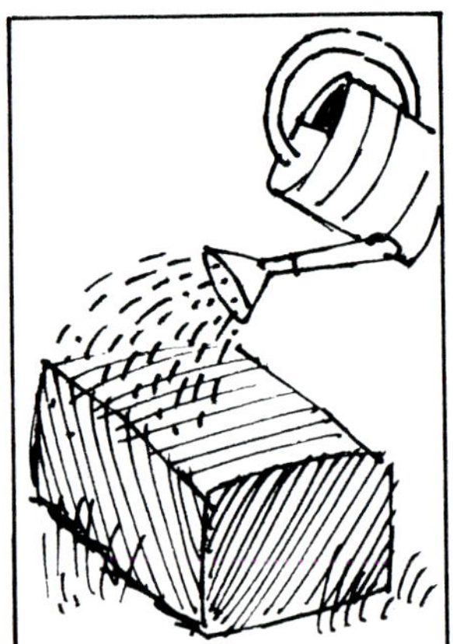

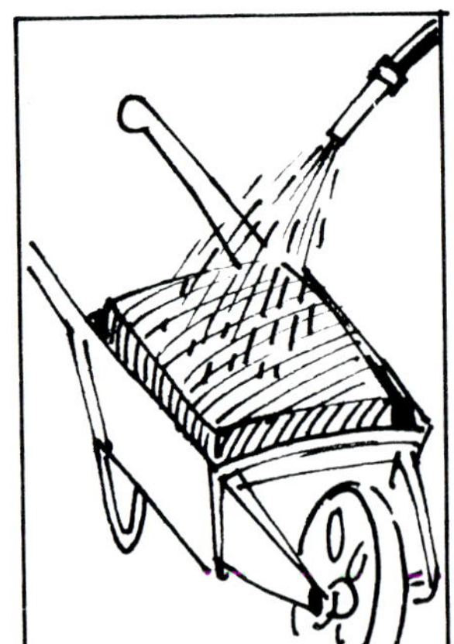

Braunkappe, Riesenträuschling *(Stropharia rugosoannulata)*
Hut: anfangs halbkugelig, später ausgebreitet (bis 25 cm); weiß, grauweiß, gelb, gelbbraun, rotbraun, weinrot, violettrot. **Blätter** (Lamellen): hellgrau bis graublau, beim Sporen schwarzviolett. **Stiel:** bis 25 cm hoch, 2–5 cm dick, weißlich bis bräunlich, beringt.

Bei Verwendung von warmem oder sogar heißem Wasser genügen schon etwa 10 Stunden zum Vollsaugen des Strohs. Heißwasser löst die Wachsschicht, die jeden Strohhalm umgibt, rasch ab und erspart somit viel Zeit.

Auf welche Art die Strohballen gewässert werden ist unerheblich, entscheidend ist letztlich nur, daß sie überall – auch tief im Inneren – gründlich durchfeuchtet sind.

Zur Sicherheit kann man eine Handvoll Strohhalme aus der Seite herausziehen. Sie werden mit beiden Händen gegeneinander-gedreht. Bilden sich ein paar Wassertropfen, so ist die Feuchtigkeit ausreichend und der Ballen kann mit der Pilzbrut beimpft (gespickt) werden. D.h., die Brut wird an verschiedenen Stellen tief in das Stroh eingebracht.

Ein richtig durchnäßter Ballen wiegt etwa 3mal soviel wie ein trockener (etwa 30 – 50 kg) und läßt sich nur schwer heben.

Wer die Möglichkeit hat, die Ballen gleich am Ort der Anlage zu wässern, sollte dies tun, so braucht der nasse und damit sehr schwere Ballen nicht mehr viel bewegt zu werden.

Bis zum Spicken der Strohballen sollten mindestens 24 Stunden vergehen, damit überschüssiges Wasser ablaufen kann.

Die Ballen sollten während dieser Zeit auf der schmalen Längsseite liegen; so kann das Wasser besser abfließen.

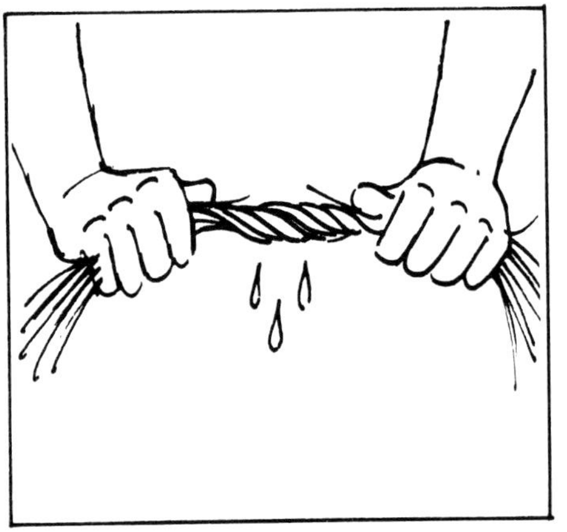

Löcher eindrücken

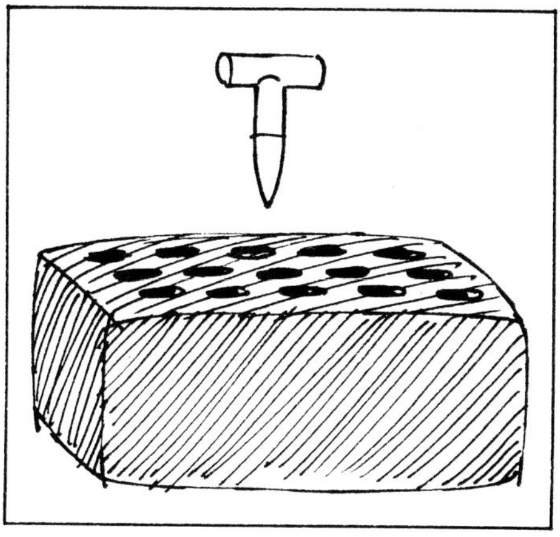

Nachdem die Strohballen ihren endgültigen Platz gefunden haben, werden Löcher in das Stroh gebohrt, in die die Brut hineingedrückt wird.

Die Löcher werden von oben in den Ballen hineingestoßen, und zwar etwa 15, jeweils ca. 20 cm tief (halbe Ballenhöhe). Sie sollen gleichmäßig über den Ballen verteilt sein. Dann ist es nicht nötig, von unten oder den Seiten Löcher anzusetzen.

Da es gar nicht so einfach ist, Löcher in den Ballen zu stoßen, verwendet man einen zugespitzten Pfahl. Notfalls geht auch ein Besen oder Rechenstiel, der allerdings bei dieser Zweckentfremdung leicht abbrechen kann.

Sehr gut bewährt haben sich Pflanzstäbe, die man in jedem einschlägigen Geschäft für einige Mark kaufen kann.

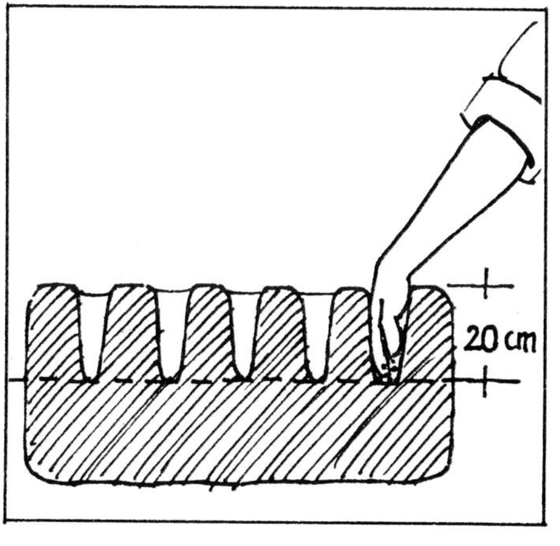

Spicken

Nun wird die Brut geteilt, da sie ja für zwei Ballen reichen soll. Man trennt mit den Fingern etwa daumengroße Stücke (die Brut

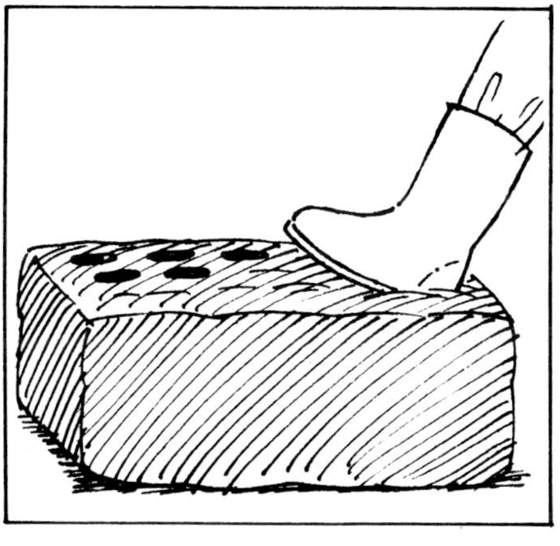

reicht für 30 Löcher!) und drückt sie – am besten mit der Hand – möglichst tief in die Löcher (ca. 20 cm). Notfalls kann man mit einem abgerundeten Holz nachdrücken.

Um die Brut vor Temperaturschwankungen und Schädlingen zu schützen, werden die Löcher anschließend gut verschlossen. Am einfachsten geschieht dies durch Herumtrampeln auf dem Strohballen.

Vor allem in der warmen Jahreszeit ist das feste Zudrücken nach dem Impfen sehr wichtig, da sonst Insekten das Myzel schädigen können, bevor es in das Stroh einwachsen kann. Aus diesem Grunde ist übrigens die Anlage im Herbst oder Frühjahr sehr zu empfehlen, weil um diese Zeit kaum Schädlinge aktiv sind.

Mit dem Schließen der Spicklöcher ist die eigentliche Arbeit bereits erledigt und es beginnt der Zeitraum, in dem das Myzel den Strohballen vollständig durchwächst.

Sollte es nach dem Spicken der Strohballen länger regnen, so ist das Abdecken mit Folie notwendig, damit das Mycel in den Ballen einwachsen kann.

Pflege während der Durchwachszeit

Während das weiße Pilzgeflecht den Strohballen durchwächst (daher die Bezeichnung Durchwachszeit), beschränken sich die notwendigen Arbeiten auf ein Minimum.

Herbstanlage

Eine Herbstanlage kann getrost sich selbst überlassen werden. Ein Nachgießen fällt um diese Jahreszeit nicht mehr an, da keine Austrocknungsgefahr mehr besteht.

Lediglich in sehr kalten Gebieten kann die Kultur als Schutz vor allzu starken Frösten mit etwas Reisig, Laub o.ä. abgedeckt werden. Dies gilt auch für den Fall, daß die Anlage sehr spät im Herbst (Nov./Dez.) vorgenommen wurde, und die Brut keine Zeit mehr hat, in den Strohballen einzuwachsen. Im allgemeinen ist der beimpfte Strohballen jedoch frostunempfindlich und übersteht den Winter ohne Schaden.

Frühjahrsanlage

Wer seine Braunkappenkultur im Frühjahr anlegt, muß beachten, daß sie stets leicht feucht bleibt. Da die Ballen jedoch nur langsam austrocknen, wird zumeist der Fehler begangen, daß sie zu häufig begossen werden. Ein zu nasses Substrat (Stroh) beeinträchtigt das Myzelwachstum, ist also von Nachteil. Verzögertes bzw. verlangsamtes Wachstum bedeutet aber auch späteren Erntebeginn, da Pilze im allgemeinen erst gebildet werden, wenn der Ballen gut durchwachsen ist.

Im Extremfall kann die Brut (das Mycel) regelrecht „totgewässert“ werden, so daß sie abstirbt. Selbstverständlich wachsen dann auch keine Pilze.

Faustregel für Feuchtigkeit

Die Regel für optimale Feuchtigkeit heißt: erst dann eine viertel Gießkanne je Strohballen gießen, wenn das Stroh etwa 2 cm tief ausgetrocknet ist; bei warmer Witterung und Kulturstandort in der Sonne bedeutet dies ungefähr jeden dritten Tag; im Schatten lediglich etwa einmal pro Woche.

Folie hilft bei Dauerregen

Der aufmerksame Leser könnte einwenden, daß auch zuviel Regen schaden kann. In der Tat ist es zweckmäßig, bei langen Regenperioden von mehr als 3 – 4 Tagen die Strohballen mit Folie abzudecken. So wächst das Myzel ungestört weiter und die erste Ernte wird kaum verzögert. Ein normaler Regenguß schadet jedoch in keiner Weise. Bei Eintritt von schönerem Wetter muß die Folie wieder entfernt werden.

Bei vollschattiger Lage kann jedoch ein Folientunnel der Kultur von Anfang an ein zügiges Durchwachsen ermöglichen. Diesen kann man sich in jedem Gartenfachgeschäft kaufen, oder auch selbst herstellen. Zu beachten ist ein Mindestabstand zwischen Strohballen und Folie von etwa 30 cm. Dies ist für den steten Luftaustausch notwendig, da ansonsten das Pilzgeflecht absterben könnte.

Die Idealtemperatur

Die optimale Temperatur für das Myzelwachstum liegt um 25 Grad; das Pilzgeflecht wächst aber schon – wenn auch langsamer – ab +5 Grad. Über +35 Grad beginnt es abzusterben, deshalb sollte bei Abdeckung mit Folientunnel die Kultur nur im Schatten plaziert werden.

Ernte

Im Herbst angelegte Kulturen bringen ihre Fruchtkörper etwa ab Mai/Juni des folgenden Jahres. Der Zeitpunkt hängt stark vom Witterungsverlauf des Frühjahrs ab. Bei einem frühen und milden Frühling kann natürlich auch zeitiger mit der ersten Ernte gerechnet werden.

Im Frühjahr angelegte Strohballen werden etwa 2 – 4 Monate später die ersten Pilze hervorbringen.

Sie wachsen dann in aller Regel bis in den späten Herbst hinein. Voraussetzung ist allerdings, daß die Tagestemperaturen 10 Grad übersteigen, da darunter kaum Braunkappen reifen.

Der Ernteverlauf ist vom Witterungscharakter des Sommers abhängig. Ein warmer Sommer läßt die Pilze in kürzeren Abständen erscheinen, wobei der Gesamtertrag bei guter Pflege (= leicht Feuchthalten der Strohballen) meist auch sehr hoch ist. Die ideale Temperatur liegt bei +25 Grad. Pilze werden jedoch in einem Bereich von +12° – +30° gebildet.

Allerdings ist auch die Kultur zeitiger erschöpft. Ein kaltes verregnetes Jahr bringt meist weniger Ertrag in langen Zeitabständen.

Die Braunkappen erscheinen ohne sichtbare Vorankündigung im wahrsten Sinne des Wortes über Nacht. Die erste Ernte besteht meist aus etlichen teilweise riesigen Exemplaren mit bis zu 1000 g Stückgewicht. Sie werden geerntet, solange der Hut noch geschlossen ist. Selbstverständlich sind aber auch schon geöffnete Pilze noch schmackhaft, solange das Fleisch fest ist.

Über einen Zeitraum von 3 – 5 Monaten reifen in Schüben immer wieder Pilze heran. Die einzelnen Erntewellen verlaufen sehr unterschiedlich. Manchmal können über ein bis zwei Wochen täglich diese delikaten „Schwammerl" geerntet werden, dann kann es Pausen von bis zu 3 Wochen geben. Durchschnittlich kann man jedoch davon ausgehen, daß alle 8 – 14 Tage eine Welle bis zu 4 Pfund Pilze bringt. Anschließend folgt eine ebenso lange Pause. Dieser Zustand dauert etliche Monate an und erbringt einen Gesamtertrag von etwa 3 – 6 kg je Strohballen. Unter guten Bedingungen können Höchsterträge bis zu 10 kg je Ballen erreicht werden!

Nicht abschneiden!

Braunkappen werden vorsichtig und vollständig aus dem Stroh herausgedreht, damit nicht eventuell junge benachbarte Pilze in ihrer Entwicklung gestört werden. Es ist ratsam, die Strohballen von nun an regelmäßig nach Braunkappen abzusuchen, da ein Teil der Pilze regelrecht im Stroh versteckt wächst. Dabei sollte das Stroh vor allem an den Seiten gut abgetastet werden. Im Laufe der Zeit, wenn das Myzel auch in den Boden eingewachsen ist, erscheinen die Pilze mitunter auch direkt aus der Erde.

Pflege in der Erntezeit

Vom Eintreten des ersten Ertrages an wird die Anlage etwas feuchter gehalten. So vermeidet man das Austrocknen noch junger Fruchtkörper. In der Praxis bedeutet dies ein kurzes oberflächliches Besprengen, sobald das Stroh äußerlich abtrocknet: eine Kultur in der Sonne etwa jeden 2. Tag, im Schatten etwa jeden 3. oder 4. Tag.

Dennoch besteht keine Gefahr, wenn es einmal nicht möglich ist, die Kultur über einen längeren Zeitraum von etwa 2 Wochen zu begießen. Die Anlage verdirbt nicht, vor allem, wenn sie sich im Schatten befindet. Erneutes Gießen läßt die Pilze bald wieder sprießen.

Die zwischenzeitlich wachsenden Pilze können allerdings durch ihre Zersetzung Schädlinge wie etwa Schnecken und Fliegen bzw. Maden anlocken oder der Eiablage dienen.

Nach der Ernte

Bei einer Herbstanlage kann davon ausgegangen werden, daß etwa ab September des folgenden Jahres keine Pilze mehr zu erwarten sind.

Der stark zusammengesackte Strohballen ist das sichtbare Zeichen dafür, daß die Kultur verbraucht ist. Die Nährstoffe sind erschöpft und das Stroh ausgelaugt. Aus diesem Grund können auch keine Pilze mehr gebildet werden. Die Strohballen können nun fortgeworfen werden. Wer einen Komposthaufen hat, sollte das Stroh dorthin schaffen, da es einen guten, stark stickstoffhaltigen Naturdünger abgibt.

Für eine neue Pilzanlage ist der Platz von allem Stroh zu säubern; keinesfalls darf der neue Ballen einfach auf den alten gelegt werden; da das verbrauchte Stroh meist von Schimmel befallen ist, könnte dies den neuen Strohballen schaden. Es bedarf ebenfalls keiner weiteren Erklärung, daß auch neue Pilzbrut bezogen werden muß.

Schädlinge

Wie bei allen Kulturpflanzen muß auch bei der Braunkappenkultur mit Schädlingen gerechnet werden. Es sind dies in erster Linie Schnecken, die sich des Nachts und bei Regen an den Pilzen erfreuen. Schon manch ein Hobbyanbauer wollte die Polizei holen, weil seine edlen Pilze vermeintlich von bösen Buben geklaut, in Wirklichkeit jedoch von gefräßigen Schnecken radikal vertilgt wurden.

Die Regel heißt deshalb: Vorbeugen! Dies geschieht gegen Schnecken am einfachsten mit einem breiten Ring aus Sägemehl oder Holzasche um die Strohballen.

Auch 2 – 3 nicht zu hohe Schälchen mit Bier um die Ballen verteilt leisten recht gute Dienste. Die Schnecken werden vom Duft des Bieres angezogen, fallen in die Schale und ersaufen.

Wer unbedingt Schneckenkorn verwenden will, streut es nicht zu nahe um die Strohballen. Außerdem sollte streng nach Vorschrift des Herstellers vorgegangen werden. Vorzuziehen sind auf jeden Fall die natürlichen Methoden der Schädlingsbekämpfung.

Um Madenbefall vorzubeugen, müssen in den heißen Sommermonaten die Pilze sobald als möglich geerntet werden. Liegengebliebene Pilze bzw. Pilzteile sind ein regelrechter Madenköder. Sie sollten deshalb unverzüglich entfernt werden. Krankheiten treten in der Braunkappenkultur im allgemeinen nicht auf.

Mißerfolge

Falls 4 Monate nach dem Anlegen einer Kultur bzw. bei einem Herbstanbau etwa Anfang Juli immer noch keine Pilze erschienen sind, wird man verständlicherweise ungeduldig.

Zuerst wird überprüft, ob das Myzel überhaupt gewachsen ist. Am besten wird an mindestens 4 Stellen ca. 10 cm tief im Stroh nachgesehen, ob weiße leicht schleimige Fäden zu sehen sind. Ist dies zumindest teilweise der Fall, erscheinen in der Regel auch noch Braunkappen. Meist war das Stroh vor dem Impfen ungenügend gewässert worden, was natürlich das Wachstum des Myzels stark beeinträchtigt.

Ist vom weißen Pilzgeflecht nichts zu entdecken, können natürlich auch keine Pilze heranwachsen. In diesem Fall liegt die Ursache meist am Stroh. Entweder war es im Inneren schon von anderen (Schimmel) Pilzen angegriffen – das Myzelwachstum wurde dadurch unterdrückt und starb schließlich ganz ab – oder die Strohballen waren von tierischen Schädlingen wie z.B. Milben befallen, was ebenfalls zum Absterben des Myzels führte. Diese Strohballen dürfen natürlich nicht noch einmal verwendet werden.

Sollte das Stroh gut durchwachsen sein und trotzdem kein Pilz heranwachsen, so deckt man die Strohballen mit Erde ab. Es wird hierzu Torf oder eine Mischung aus 50% Torf und 50% Gartenerde verwendet. Diese wird befeuchtet und etwa 4 cm dick auf die Strohballen aufgetragen. Spätestens 4 Wochen nach dem Abdecken ist dann meist mit Pilzen zu rechnen. Die Abdeckerde muß ständig feuchtgehalten werden.

Die Ursache für diesen – allerdings recht seltenen Fall – ist noch nicht eindeutig geklärt, jedoch spielt der pH-Wert des Strohs dabei eine wesentliche Rolle. Der häufigste Grund für einen Mißerfolg ist jedoch – wie schon erwähnt – das zu starke Gießen. Dadurch stirbt das Mycel ab.

Weitere Strohballenbewohner

Es kann vorkommen, daß während der Durchwachszeit Tintlinge oder Becherlinge auf den Ballen erscheinen. Diese nicht mit Braunkappen verwechselbaren Pilze haben keinerlei negative Auswirkungen auf die Kultur und sind nur vorübergehend. Es deutet jedoch auf zu nasse Strohballen hin. Auch ein Auskeimen noch im Stroh befindlicher Getreidekörner ist bedeutungslos.

Braunkappen – delikate Speisepilze

Gesundheitlicher Wert

Braunkappen sind gesundheitlich sehr wertvoll. Sie enthalten lebenswichtige Vitamine und Spurenelemente. Besonders auf Nervensystem und Verdauungsorgane wirkt sich dies äußerst günstig aus. Gerade in der heutigen streßgeplagten Zeit ist deshalb der Anbau dieser Pilze zu empfehlen. Doch für viele wird entscheidend sein, daß dieser und alle folgenden Pilzarten rein natürlich angelegt werden. Dies ist für unsere stark belastete Umwelt von besonderer Bedeutung. Darüber hinaus wird die hemmungslose Plünderung in unseren Wäldern eingeschränkt, was den Wildpilzen eine Chance zum Überleben gibt.

Kein Schälen oder Putzen

Aber nun wieder zu den Braunkappen. Es werden weder die Huthaut noch die Lamellen entfernt. Sowohl Hut als auch Stiel sind ganz zu verwerten. Lediglich bei großen Exemplaren sollte das untere Stielende entfernt werden, da dieses holzig sein kann. Im Kühlschrank kann der Pilz 3 – 4 Tage aufbewahrt werden.

Es empfiehlt sich bei der Zubereitung die Stücke nicht zu klein zu schneiden, da so das Aroma besser erhalten bleibt. Braunkappen sind für sämtliche Gerichte geeignet. Die Garzeit liegt je nach gewünschtem Biß bei 15 – 25 Minuten.
Roh sollten sie nicht gegessen werden, wie überhaupt vom Rohgenuß der meisten Speisepilze abzuraten ist.

Aufwärmen?

Übrigens kann ein Pilzgericht ohne Gefahr noch einmal kurz aufgekocht und gegessen werden, wenn es nicht länger als 24 Stunden im Kühlschrank aufbewahrt wurde.

Einfrieren

Um es klipp und klar zu sagen: Alle in diesem Buch aufgeführten Pilzarten können tiefgefroren werden. Die Pilze werden unter fließendem Wasser kurz gewaschen, abgetropft, kleingeschnitten und portionsweise verpackt, schockgefroren. Braunkappen sollten vor dem Einfrieren ca. 3 Minuten blanchiert (überbrüht) werden.

In der Tiefkühltruhe sind Pilze maximal 10 Monate haltbar. Sie werden sofort nach Herausnahme verarbeitet. Also nicht auftauen lassen, da sie sonst teilweise matschig werden und eine grauschwarze Farbe annehmen.

Aufbewahren:	Nicht waschen	In ein Gefäß-legen	Eisschrank, Gemüsefach	Oder kühl, trocken, dunkel
Vorbereiten:	Abreiben	Unter fließendem Wasser waschen	Mit Küchenpapier trocknen	Nicht schälen
Delikat für:	Vorspeisen, Suppen und Saucen	Hauptgerichte und Beilagen	Schnelle Gerichte	Salate
Zubereiten:	Mikrowellen	Grillen	Schmoren, braten und backen	Dünsten und dämpfen

Braunkappengemüse klassisch

Für 1 Portion:

250 g Braunkappen kleinschneiden · wenig Butter · 1 Schalotte feinhacken · Petersilie und Schnittlauch kleinschneiden · 1 Prise Curry · 1 Prise Zucker · Salz, Pfeffer aus der Mühle · 1 EL Sauerrahm

Pilze zusammen mit Butter und Zwiebeln andünsten. Kein Wasser zugeben! Nach einigen Minuten geben die Pilze genügend Flüssigkeit ab. 15 Minuten leise kochen lassen. In den letzten Minuten Petersilie und Schnittlauch beigeben, mit Curry, Zucker, Salz und Pfeffer abschmecken und mit Sauerrahm binden. Statt Sauerrahm kann Creme fraîche oder auch Sahne verwendet werden. Mit Semmelknödel servieren.

Braunkappen französische Art

2 Zwiebeln und 1 Knoblauchzehe feinhacken und in Butter andünsten. Nach 2 Minuten die nicht zu klein geschnittenen Pilze beifügen. Nach weiteren 5 Minuten mit 1/4 l Sekt oder spritzigem Wein aufgießen und mit Salz, frischgemahlenem Pfeffer, 1 Prise Curry und 1 Prise Zucker würzen. Bei kleiner Hitze noch 15 Minuten leise kochen. Zum Schluß mit Sahne oder Rahm abschmecken. Auf Toastbrot servieren.

Herbst-Toast

250 g frische Braunkappen in feine Scheiben schneiden · etwas Butter, 1 EL Olivenöl · 1 EL Mehl · 1/8 l Sahne · weißer Pfeffer, Salz · Toastbrot · Butter · 2 Tomaten in Scheiben schneiden · 4 Scheiben Gouda · 4 Scheiben Frühstücksspeck · Pfeffer

Pilze 5 Minuten in Butter-Ölgemisch andünsten, mit Mehl bestäuben, Sahne zugießen, salzen, pfeffern und einige Minuten ziehen lassen. Toastbrot mit Butter bestreichen und in feuerfeste Form legen, Braunkappen darauf schichten, Tomatenscheiben, Gouda und Frühstücksspeck auflegen, pfeffern, im vorgewärmten Ofen bei starker Hitze überbacken, bis der Speck braun wird und der Käse zu zerlaufen beginnt.

Braunkappensuppe

750 g Braunkappen kleinschneiden · 20 g Butter · 1 l Rindfleischbrühe · 60 g Mehl · 1/8 l Wasser · Salz, Pfeffer · nach Belieben Worcestersauce

Pilze in Butter andünsten, nach 2 Minuten Brühe aufgießen und 20 Minuten leise kochen. Mehl mit Wasser anrühren und die Suppe damit andicken. Mit den Gewürzen abschmecken.

Bohnen-Braunkappengemüse

150 g durchwachsenes Rauchfleisch in grobe Würfel schneiden · 20 g Butter · 1 Zwiebel in Würfel schneiden · 500 g grüne Bohnen kleinschneiden · 1/8 l Rindfleischbrühe · Salz, Pfeffer · 500 g Braunkappen kleinschneiden · 1 Prise Zucker · 1/8 l Rotwein

Rauchfleischwürfel in Butter anbraten und die Zwiebel darin glasig dünsten. Bohnen zugeben und mit Brühe aufgießen. Mit Salz und Pfeffer leicht würzen und bei geringer Hitze dünsten, bis die Flüssigkeit fast eingekocht ist.
Pilze zugeben, mit Zucker bestreuen und Rotwein zugießen. Im geschlossenen Topf 5 Minuten kochen und leicht nachwürzen.

Gurken mit Braunkappen gefüllt

3 mittelgroße Gurken halbieren, entkernen und mit Zitronensaft beträufeln. 2 Zwiebeln feinhacken und in etwas Butter goldgelb dünsten. 500 g kleingeschnittene Braunkappen darin 10 Minuten dünsten, mit Pfeffer, Salz und etwas Muskat würzen, mit Ei und soviel Semmelbrösel vermengen, daß ein geschmeidiger Teig entsteht.
Gurken damit füllen, mit Butterflöckchen belegen, mit gehackter Petersilie bestreuen. Topfboden mit Rauchfleischscheiben belegen, Gurken darauflegen, 1/2 l Fleischbrühe dazugießen und ca. 25 Minuten garen. Danach Sahne darübergießen und noch 5 Minuten leise kochen.

Austernpilz

Der Anbau dieses auch bei uns heimischen, wohlschmeckenden Waldpilzes kann sowohl auf Stroh als auch auf Holz erfolgen.

Beim Austernpilz sind zwei Arten zu unterscheiden. Der Sommer- und der Wintertyp. Wie der Name schon aussagt, gedeiht der Sommerausternpilz in der warmen Jahreszeit, die Winterart von Herbst bis Frühjahr, wobei sich natürlich keine Fruchtkörper bilden können, sobald die Temperatur kontinuierlich unter 0 Grad absinkt.

Ort der Anlage

Ein kleines Gärtchen ist die einzige Voraussetzung. Allerdings sollte der Standort für die Kultur möglichst schattig sein.

Da der Pilz für ein gutes Gedeihen und eine dementsprechend reichliche Ernte mehr Feuchtigkeit benötigt als die Braunkappe, ist ein Anbau im Vollschatten ideal. Ein zufriedenstellender Ertrag ist zwar auch im Halbschatten möglich, jedoch muß in diesem Fall häufiger begossen werden.

Gesundes Stroh

Siehe Seite 8.

Pilzbrut (Samen)

Eine Packung Austernpilzbrut kostet ca. DM 25,– und reicht für 2 Strohballen.

Die beste Anlagezeit

Der Anbau des Sommerausternpilzes auf Stroh erfolgt etwa von März bis Juli. Die Anlage des Winterausternseitlings ist von Juli bis November und im Frühjahr bis April sinnvoll.

Austernpilze auf Stroh

Der Ertrag steigt und fällt mit der Güte des Strohs: achten Sie deshalb unbedingt darauf, nur trockenes und gesundes Stroh zu verwenden.

Anbaupraxis

Wässern

Das Wässern der Strohballen läuft genauso ab wie bei den Braunkappen ausführlich besprochen *(Seite 11).*

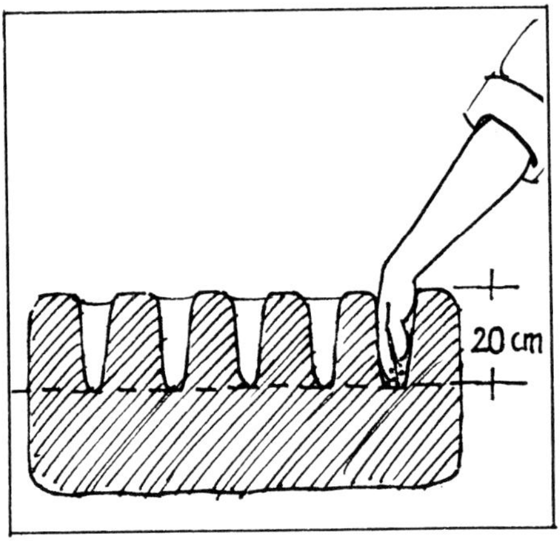

Spicken

Nachdem die Ballen – gut durchfeuchtet – ihr schattiges Plätzchen gefunden haben, erfolgt das Spicken mit der Pilzbrut. Zuerst werden in den flach liegenden Strohballen von oben etwa 15 Löcher gebohrt. Diese werden gleichmäßig verteilt, damit das Myzel die Strohballen so schnell wie möglich durchwachsen kann.

Mit sauberen Händen wird die Brut 15 – 20 cm tief hineingefüllt. Günstig ist es, die – verglichen mit der Braunkappe – etwas empfindlichere Brut so wenig wie möglich zu berühren, da dies zu Schimmelbildung im Stroh führen kann. Man sollte etwa 1 – 2 gehäufte Eßlöffel je Loch (Spickstelle) rechnen. Ob die Brut dabei auseinanderfällt oder Stücke bleiben, ist ohne Belang. Nach dem Spicken sind die Löcher im Stroh wieder gut abzudichten.

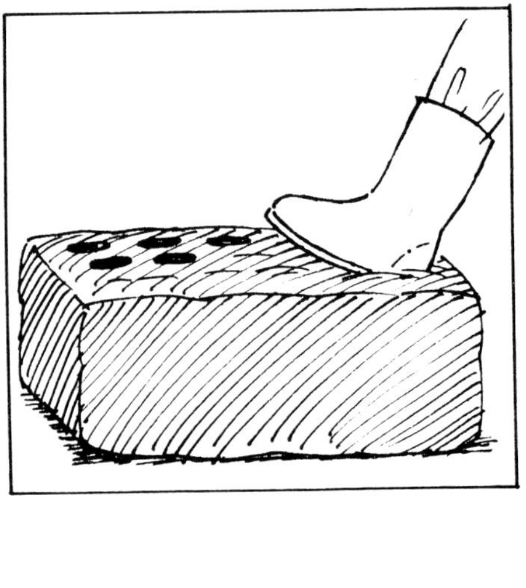

Pflege während der Durchwachszeit

Entsprechend der Art und Jahreszeit ist auch die Pflege unterschiedlich. Nachdem die Austernpilzkultur so schattig wie möglich lagert, braucht bei Herbstanlage des Wintertypes nur in extremen Ausnahmefällen noch nachgegossen werden. Die hohe Luftfeuchtigkeit um diese Jahreszeit reicht normalerweise völlig aus.

Bei einer Frühjahrsanlage des Wintertypes bzw. schon der Sommersorte, ist die Kultur mit fortschreitend wärmerem Wetter häufiger zu begießen. Da der Austernseitling seine Pilze überwiegend auf der Strohoberfläche bildet, sollte diese stets leicht feucht sein. Es empfiehlt sich, bei warmem trockenem Wetter die Strohballen ungefähr einmal täglich kurz zu besprengen. Am besten geschieht dies am Vormittag. Es geht ausschließlich darum, die Oberfläche der Ballen feucht zu halten, da das Stroh im Inneren ja gut durchfeuchtet ist. Es ist deshalb unsinnig und nur von Nachteil, wenn zuviel auf einmal gegossen wird. Je Strohballen sollte nicht mehr als 1 Liter gegeben werden. Die Regel lautet: Bei sehr trockenem Wetter lieber öfters doch wenig gießen!

Überläßt man die Kultur sich selbst, so stirbt sie deshalb – im Schatten gelegen – nicht ab. Pilze werden nach der Durchwachszeit jedoch im allgemeinen nur gebildet, wenn dies die Witterung mit entsprechend hoher Luftfeuchtigkeit zuläßt. Über das Abdecken mit Folie bitte auf S. 17 nachlesen. Abhängig von Art und Jahreszeit ist 6 – 12 Wochen nach der Anlage mit den ersten Pilzen zu rechnen.

Die Idealtemperatur für das Durchwachsen liegt für beide Arten um 20 Grad. Das Myzel wächst jedoch schon ab etwa + 5 Grad.

Weitere Strohballenbewohner

Auch beim Austernpilzanbau können die Strohballen während der Durchwachsphase von nicht genießbaren Pilzen (z. B. Tintlingen, Becherlingen) besiedelt werden. Dies ist natürlich und hat keine negativen Folgen für die Austernpilzkultur.

Ernte

Beim Austernpilz ist im Gegensatz zu Braunkappen die Entwicklung der Fruchtkörper gut zu verfolgen. Bei den Braunkappen findet das Wachstum meist im Stroh statt. Der ausgebildete Pilz stößt dann aus dem Stroh und ist über Nacht da.

Die Fruchtkörper des Austernpilzes wachsen auf der Strohoberfläche. Sie sind zuerst als winzige kleine Knötchen sichtbar und entwickeln sich je nach Temperatur in 6 – 14 Tagen zu stattlichen Exemplaren. Sie bilden Büschel von meist dachziegelartiger Formation.

Etwa 4 – 5 Monate wachsen in mehreren Wellen immer wieder Pilze heran. Pausen von 3 Wochen und mehr sind möglich. Der Wintertyp bildet seine Pilze in einem Bereich von + 4 bis + 18 Grad. Die Sommersorte benötigt für die Pilzbildung mindestens 14 Grad. Ideal sind jedoch Temperaturen um 20 Grad. Der Gesamtertrag kann etwa 5 kg je Strohballen erreichen.

Abschneiden!

Die Ernte erfolgt, sobald die Hüte, die zuerst nach unten geneigt sind, sich etwa waagerecht ausgebildet haben.

Die Pilze werden so tief wie möglich am Stroh abgeschnitten. Durch das büschelige Wachstum müssen meist auch junge Exemplare mit geerntet werden.

Pflege in der Erntezeit

Solange die Pilze noch klein sind, ist die Feuchtigkeit besonders notwendig. Mangelt es daran, vertrocknet zumindest ein Teil von ihnen.

Mehr als ein oberflächliches Benetzen bedarf der Austernpilz ansonsten während der Erntezeit nicht.

Nach der Ernte

Sobald die Strohballen stark zusammengesackt sind, und länger als 5 Wochen keine Pilze mehr erscheinen, ist die Kultur beendet. Das verbrauchte Stroh ergibt einen hervorragenden Kompost.

Vor der Neuanlage ist der Platz vom alten Stroh zu säubern, keinesfalls darf der neue Ballen einfach auf den alten gelegt werden.

Anbau auf Holz

Die drei Voraussetzungen

Diese Anbauweise erscheint im ersten Augenblick umständlich und schwierig. Um es jedoch vorweg zu sagen: Der Anbau von Speisepilzen auf Holz ist genauso einfach wie die Strohballenkultur und kann von jedem Laien ausgeführt werden.

Die beste Anlagezeit

Eine Anlage kann im Freien von Frühjahr bis Herbst durchgeführt werden. Wobei das Frühjahr vorzuziehen ist, da das Myzel bis zur kalten Jahreszeit das Holz schon gut durchwachsen hat. Frost kann in diesem Stadium nicht mehr schaden. Steht zum Durchwachsen der Hölzer ein (zumindest) frostfreier Raum (Keller/Garage) zur Verfügung, so ist das Beimpfen auch im Spätherbst bzw. Winter möglich.

Anbau auf Holz

(Austernpilz, Shiitake, Stockschwämmchen, Samtfußrübling)

Mehrjährige Kultur

Auch der Anbau auf Holz ist einfach und beschränkt sich nur auf wenige Arbeitsgänge.

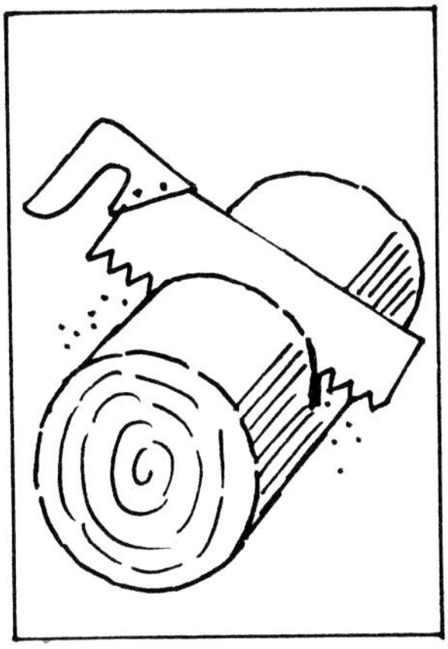

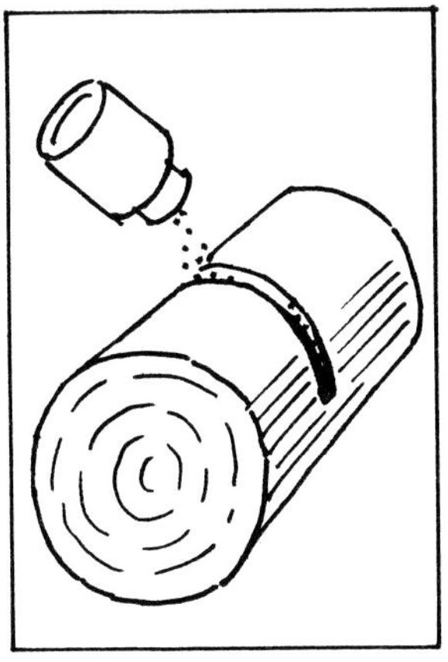

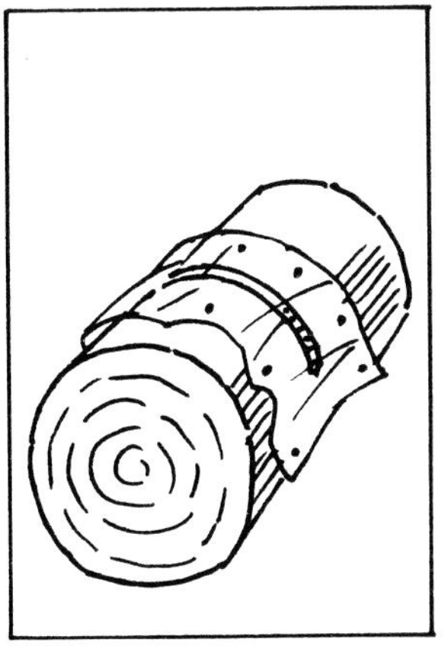

1. *Holz einsägen oder anbohren .... Seite 37*
2. *Brut einfüllen .... Seite 37*
3. *Abdecken .... Seite 39*
4. *Schattig lagern .... Seite 41*

Die drei Voraussetzungen: Ort der Anlage

1

Sinngemäß gilt dasselbe wie für Braunkappen auf Stroh (Seite 6). Allerdings muß die Holzkultur unbedingt im Schatten liegen.

Austernpilze wachsen in der Regel dachziegelartig.

Frisches Holz

2

Für die Kultur aller in diesem Buch beschriebenen holzbewohnenden Pilze eignen sich nur Laubholzarten. *Nadelholz ist ungeeignet!*

Holzstämme sind bei Landwirten, Holzhändlern und Forstverwaltungen erhältlich.

Günstig sind Rundhölzer von etwa 20 – 50 cm Durchmesser und 30 – 40 cm Länge. Doch auch auf längeren Hölzern ist der Anbau möglich, nur wird die Handlichkeit durch das höhere Gewicht stark beengt.

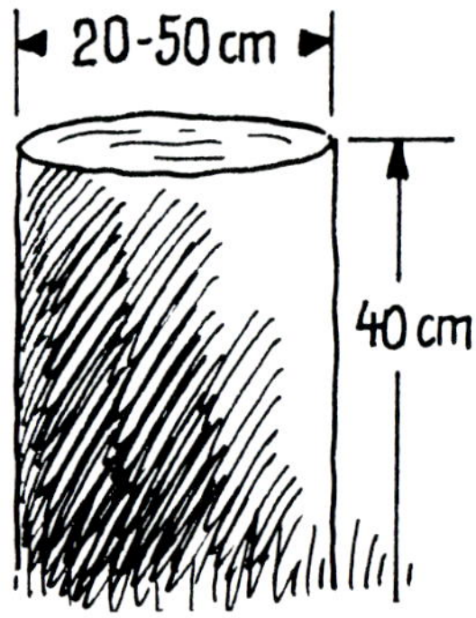

Die Laubholzart spielt beim Austernpilz keine Rolle. Sowohl das Holz von Obstbäumen, als auch von Birke, Buche, Eiche, Pappel, Weide, Ahorn usw. kommt in Frage.

Lediglich der Unterschied zwischen Hart- und Weichholz macht sich bemerkbar. Da Weichholz vom Pilz schneller besiedelt wird, beginnt die Ernte oft schon nach 3 – 6 Monaten. Etwa 3 Jahre später ist die Weichholzkultur dann erschöpft. Die Anlage auf Hartholz bringt nicht selten erst 12 – 15 Monate nach dem Impfen ihre ersten Früchte, allerdings dann 6 oder 7 Jahre lang.

Die nun folgenden Punkte von der Auswahl des Holzes über die Impfmethoden, bis hin zu Durchwachsphase und Ernte sind für alle holzbewohnenden Pilze nahezu gleich.
Abweichungen sind bei der betreffenden Pilzart vermerkt und dementsprechend ergänzt.

Ein wichtiges Kriterium für das Gelingen der Kultur ist der Zustand des Holzes. Es sollte höchstens seit 8 Monaten geschnitten sein. Länger gelagertes Holz ist meist schon von anderen Pilzen befallen und deshalb nicht mehr geeignet.

Die Regel lautet: Je frischer das Holz ist, umso günstiger ist dies für das Wachstum des Kulturpilzes! Das Alter des Baumes spielt keine Rolle, solange er gesund war. Braunes, bröseliges Holzfleisch ist ein Zeichen für eine Krankheit! Gesundes Holz ist an den frischen Schnittflächen hell und fest.

Die Stämme müssen eine gewisse Mindestfeuchtigkeit aufweisen. Deshalb nimmt man die Schnittflächen der Rundhölzer in Augenschein. Zeigen sich breite tiefe Risse, muß das Holz erst einmal für 3 Tage in einem Behälter gewässert werden. Sind gar keine oder nur feine Haarrisse zu sehen, kann sofort beimpft werden.

Die Regel lautet: Sind die Risse breiter als die Schmalseite eines 1-Pfennig-Stückes, so muß das Holz gewässert werden.

Pilzbrut

3

Vor der Auswahl der Sorte (Sommer- oder Wintertyp) wird in erster Linie die Frage stehen, zu welcher Jahreszeit überwiegend die Pilze anfallen sollen. Wer im Sommer ernten möchte, muß sich auch für diese Sorte entscheiden. Der Sommerausternseitling ist grau bis gelbbraun und relativ dünnfleischig. Der Wintertyp fruchtet vorwiegend im Herbst und Frühjahr. Die Pilze sind recht groß, schiefergrau bis schwarzgrau und recht dickfleischig. Werden – natürlich auf verschiedenen Hölzern – beide Sorten angelegt, so kann nahezu das ganze Jahr über mit Pilzen gerechnet werden.

Benötigt werden je Packung Pilzbrut etwa 5 – 8 Hölzer. Dies ist vom Durchmesser des Holzes sowie der Impfmethode abhängig.
Die Packung kostet ca. DM 25,–.

Anbaupraxis

Beimpfen der Stämme:

1. Schnittimpfmethode

Das Beimpfen der Stämme mit der Pilzbrut wird folgendermaßen durchgeführt: Man sägt in der Mitte des Stammes parallel zu den Schnittflächen einen etwa 1 – 2 cm breiten Einschnitt. Er sollte so tief sein, daß das Holz noch stabil bleibt und nicht auseinanderbricht. In diesen Schnitt wird die Brut bis zum Rand eingefüllt. Da die Brut des Austernpilzes oft regelrecht zu einem festen Block zusammengewachsen ist, muß sie vorher durch kräftiges Schütteln und Klopfen der Packung zerbröckelt werden. Mit einem Trichter, den man sich sehr einfach aus einem Papierkaffeefilter herstellt (den unteren Teil wegschneiden), kann die Brut problemlos in den Schlitz geschüttet werden. Klemmen einige Körner, wird mit einem sauberen Stab, bzw. einem sauberen Finger nachgedrückt. Damit die Brut nicht herausfällt, ist mit Reißnägeln o.ä. ein Streifen Plastikfolie über den Schnitt zu befestigen.

Die Regel lautet: Als Schutz vor Infektionen (Schimmel) und tierischen Schädlingen (Fliegen/Maden) wird die Folie so dicht wie möglich am Stamm befestigt!

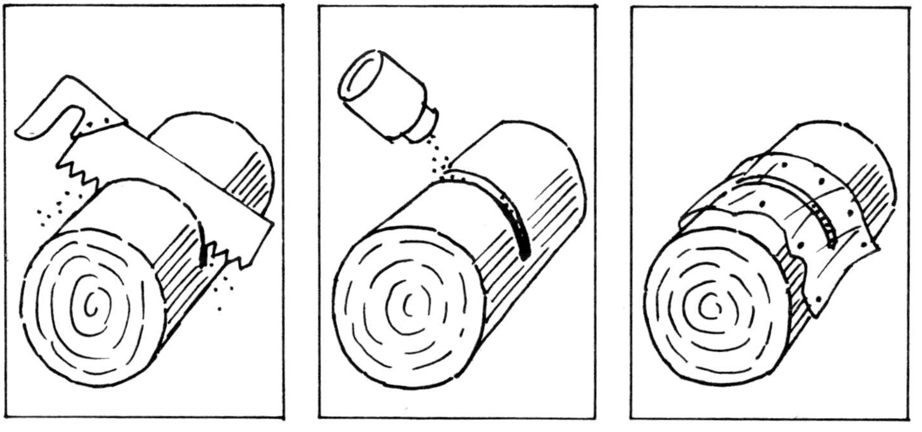

2. Schnittflächenbeimpfung

Wem diese Art der Beimpfung zu aufwendig ist, kann auch ganz einfach eine Lage Brut auf einer Schnittfläche des Stammes verteilen. Es ist dabei zu beachten, daß die Schnittfläche sauber ist, da sonst Infektionen das Wachstum beeinträchtigen können. Dies wird wiederum mit einer Folie abgedeckt.

Egal welche Impfmethode durchgeführt wurde, die Impfstellen müssen anschließend sehr gut verschlossen werden.

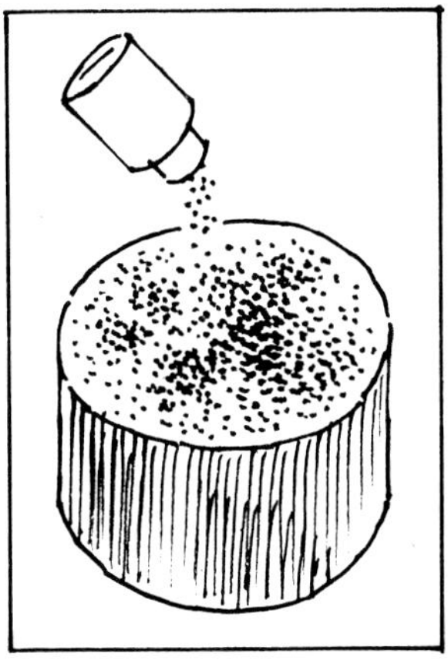

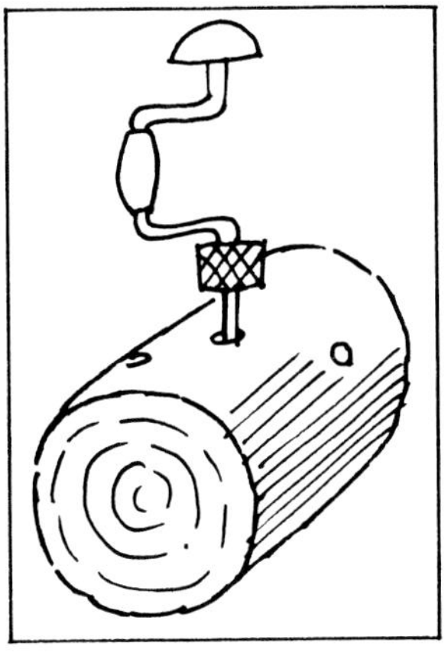

3. Bohrlochbeimpfung

Eine dritte Möglichkeit der Beimpfung ist, mittels eines Bohrers etwa 1 – 2 cm breite und so tiefe Löcher wie möglich in den Stamm zu bohren. Es werden etwa 8 – 10 Löcher jedes etwas versetzt gemacht. In diese wird die Brut eingefüllt. Zuvor muß die Brut jedoch gut zerbröckelt werden, da die Löcher doch recht klein sind. Es versteht sich von selbst, daß auch dies so sauber wie möglich geschehen muß. Die Löcher müssen auch hier wieder verschlossen werden (Plastik, Lehm, Korken etc.).

Pflege während der Durchwachszeit

Sind alle Stämme mit der Pilzbrut beimpft, werden sie zum Durchwachsen an einen schattigen und feuchten Ort gebracht. Im Frühjahr und Sommer wählt man einen Platz im Garten. Um eine möglichst hohe Luftfeuchtigkeit zu erhalten, werden die Stämme dicht an dicht gelagert. Hölzer mit der Einschnitt- bzw. Bohrlochmethode können flach gelegt werden, während schnittflächenbeimpfte Stämme stehen sollten, damit die Brut nicht herabfällt.

Darauf streut man eine Schicht feuchtes Laub, Stroh o.ä. und deckt das ganze mit alten Kartoffelsäcken ab. Auch eine Plastikfolie ist dafür geeignet. Sie sollte jedoch, um den notwendigen Luftaustausch zu gewährleisten mit etwa 25 Löchern versehen werden. Es genügt, wenn diese 3 – 4 mm Durchmesser haben. Damit kann die Anlage getrost sich selbst überlassen werden. Sie bedarf während der Durchwachszeit keinerlei weiteren Pflege.

Wer eine Kultur im Spätherbst oder Winter anlegt, muß die Stämme in einem zumindest frostfreien Raum lagern. Die ungeschützte Brut verträgt nämlich keine stärkeren Minustemperaturen. Da nun das Myzel bei den niedrigen Temperaturen im Freien nicht mehr die Möglichkeit hat, in das Holz einzuwachsen, besteht die Gefahr, daß die Brut bei größerem Frost abstirbt.

Hatte das Myzel bei mindestens 15 Grad etwa 10 Wochen Zeit in den Stamm einzudringen, so kann Frost der Kultur nicht mehr schaden, da das Myzel im Holz bestens geschützt ist.

Die Stämme müssen – vor allem in den sehr trockenen Heizungsräumen – vor dem Austrocknen bewahrt werden. Dies geschieht ähnlich der Freilandkultur, mit Säcken. Diese sollten stets leicht feucht sein.

Myzelbildung

Die Myzelbildung erfolgt ab etwa 6 – 8 Grad. Temperaturen um 20 Grad sind während der Durchwachszeit ideal. Temperaturen über 33 Grad sollten auf jedenfall gemieden werden, da sie zum Absterben des Myzels führen können. Ist das Myzel schon tief ins Holz eingedrungen, können höhere Temperaturen der Kultur nicht mehr schaden.

Während Weichholz, je nach Temperatur etwa 3 – 6 Monate später durchwachsen ist, benötigt Hartholz dafür mindestens 6 – 11 Monate.

Ein sichtbares Zeichen für einen durchwachsenen Stamm ist das weiße Myzel, das an manchen Stellen des Holzes, vor allem an den Schnittflächen, erscheinen kann. Doch schon etwa 6 Wochen nach dem Anlegen kann überprüft werden, ob die Kultur gelungen ist: die Brut muß an den Impfstellen weiß geblieben sein. Lediglich oberflächlich trocknet sie zuweilen ab und wird dann braun, was keinen negativen Einfluß hat. Es ist meist auch gut zu erkennen, wo das Myzel schon ins Holz eingedrungen ist.

Endgültiger Standort

An ihren endgültigen Standort kommen die Stämme, sobald sie durch- bzw. mindestens gut eingewachsen sind. Diese Stätte im Garten sollte wiederum so schattig wie möglich sein. Sind die Hölzer zumindest teilweise der Sonne ausgesetzt, so müssen sie, um einen guten Ertrag zu haben, stets gut feucht gehalten werden. Wird nicht befeuchtet, können sich die Austernpilze nur bei feuchter Witterung entwickeln.

Da Frost den durchwachsenen Stämmen nichts mehr anhaben kann, verbleiben sie während der gesamten mehrjährigen Kulturdauer, Sommer wie Winter, an diesem Ort.

Sie werden etwa 10 cm tief (schnittflächenbeimpfte Stämme mit der beimpften Seite nach oben) stehend, in den Boden eingegraben. Da Austernpilze sowohl oben als auch an den Seiten erscheinen, sollten die Hölzer etwa 25 cm Abstand voneinander haben. Die Plastikfolie der Impfstelle wird entfernt.

Die eingegrabenen Stämme versorgen sich zusätzlich mit Feuchtigkeit und Nährstoffen aus der Erde. Im Laufe der Zeit wächst das Myzel noch bis zu 20 cm in den Boden. Es kann dann vorkommen, daß die Austernpilze teilweise direkt aus der Erde wachsen.

Ernte

Etwa 8 Wochen nach dem Eingraben kann mit den ersten Pilzen gerechnet werden. Wobei die entsprechende Sorte (Sommer- oder Wintertyp) und die Jahreszeit zu berücksichtigen sind.

In seltenen Fällen kann es allerdings bis zu 10 Monaten dauern, ehe die erste Ernte erfolgt. Dies ist von noch unbekannten Faktoren abhängig und kann nicht beeinflußt werden. Auch die Austernpilze auf Holz wachsen – zuerst kaum als Pilze erkennbar – an der Oberfläche des Holzes in 6 – 12 Tagen heran. Deshalb ist es ratsam, die Stämme während der Erntezeit öfters zu überprüfen und gegebenenfalls zu besprengen.

Zumeist erfolgen im Jahr in etlichen Schüben mehrere Ernten.

Der Gesamtertrag während der mehrjährigen Kulturdauer liegt bei etwa 20 – 30% des Holzgewichtes. Wobei die Kultur auf Hartholz wesentlich höhere Erträge bringt.

Abschneiden!

Die Pilze werden am Holz abgeschnitten, sobald sie waagerecht ausgewachsen sind.

Pflege während der Erntezeit

Mehr als ein Feuchthalten der Stämme in der warmen Jahreszeit benötigt die Kultur nicht.

Mißerfolge

Wenn bei der Myzelbildung grüner oder grauer Schimmel zu sehen ist, kommt es entscheidend darauf an, ob die Brut teilweise oder aber vollständig befallen ist. Bei letzterem ist das Myzel abgestorben, infolgedessen können auch keine Pilze wachsen.

Ist noch weißes Myzel vorhanden und der Schimmel nur partiell, so hat dies im allgemeinen keine negative Auswirkung.

Schimmel entsteht meist bei unsauberer Beimpfung der Stämme. Eventuell war das Holz auch schon zu alt bzw. befallen.

Falls das Mißlingen nicht am Holz gelegen hat, kann der Stamm noch einmal beimpft werden. Die verdorbene Brut und der gesamte Schimmel sind restlos zu entfernen. Dann wird die Impfstelle noch einmal ausgefräst. Bei der Schnittflächenbeimpfung empfiehlt es sich, eine dünne Scheibe abzusägen. Das so gesäuberte Holz wird dann noch einmal beimpft.

Schädlinge

Nach dem Eingraben sollen die Stämme vorbeugend gegen Schneckenbefall geschützt werden. Dies kann, wie bei den Braunkappen beschrieben, mit Sägemehl oder Holzasche geschehen. Die Aktivität der Schnecken wird oft unterschätzt. Deshalb sei noch einmal ausdrücklich darauf hingewiesen. Unterbleibt die Vorsorge, vertilgen diese Tiere in einer Nacht sämtliche meist noch kleinen Pilze. Am nächsten Morgen ist von Pilz und Schnecke keine Spur mehr zu sehen. Schon manch einer hat so vergeblich auf seine Pilze gewartet, bis er darauf hingewiesen wurde. Andere Schädlinge bzw. Krankheiten befallen eine Anlage auf Holz kaum.

Die Austernpilzanlage auf Holz ist ertragssicherer als die Strohballenkultur. Beim Laubholz kann festgestellt werden, ob die Stämme gesund und die Feuchtigkeit optimal ist. Dagegen ist beim Strohballen diese Überprüfung ungleich schwieriger. Da zudem die Brut im Holz besser geschützt ist, sind die Austernpilz-Strohballenkulturen etwas anfälliger.

Austernpilze – delikate Speisepilze

Da die Pilze auch nach dem Ernten noch einige Zeit weiterleben, bildet sich oft weißes Myzel am Stiel und auf den Hüten. Dieser Umstand ist völlig normal und hat keinen Einfluß auf Geschmack oder Verträglichkeit.

Die Pilze werden vor der Zubereitung lediglich unter fließendem Wasser gesäubert. Ein Abziehen der Haut oder Lamellen ist nicht notwendig.

Der untere Teil der Stiele wird vor allem bei großen Exemplaren abgeschnitten, da er recht zäh ist. Es ist überhaupt zu empfehlen, die Stiele recht fein zu schneiden, da ihre feste Konsistenz nicht jedermanns Sache ist.

Ansonsten ist der Pilz für alle Gerichte und Zubereitungen geeignet.

Austernpilze sind gut lagerfähig. 4 oder 5 Tage im Kühlschrank schaden ihnen nicht.

Grundrezept

Stielenden abschneiden, Pilze abspülen, feinschneiden (Hüte in Streifen) und unter Rühren 5–8 Minuten in Butter braten. Mit Salz und Pfeffer abschmecken.

Gebratene Austernpilze schmecken zu

- *Fleisch*
- *Geflügel*
- *Fisch*
- *Gemüse (Porree, Bohnen, Paprika, Chikoree usw.)*
- *Toast*
- *Omelett*

Zur Abwechslung mischen mit:

- *anderen Pilzen*
- *feingehackten Kräutern*
- *Tomatenstückchen, Paprikastreifen, Zwiebelringen*
- *Speckwürfeln, Schinkenstreifen*
- *Kartoffelscheiben*

Austernpilze gedünstet und abgekühlt oder in Essig und Öl mariniert können als Salat angemacht werden.

Austernpilz, Kalbfleischpilz *(Pleurotus ostreatus)*

Hut: anfangs muschelähnlich, später ausgebreitet (bis 30 cm); weißlich, gelblich, bräunlich bis grau, graubraun (Sommerseitling), stahlgrau, blaugrau, blau bis violettlich (Winterseitling). **Blätter** (Lamellen): weißlich bis hellbraun, hellgrau, weit herablaufend. **Stiel:** meist kurz, in den Hut übergehend 1 – 8 cm hoch, 1 – 3 cm dick, exzentrisch, wie Blätter gefärbt oder wenig dunkler.

Austernpilze mit Auberginen

600 g Austernpilzhüte in feine Streifen schneiden · 1 große Aubergine in Würfel schneiden · 1 große Zehe Knoblauch durchpressen · 50 g Butter · Salz, Pfeffer · Petersilie feinhacken

Butter in der Pfanne erhitzen, Pilze dazugeben und 10 Minuten dünsten. Knoblauch und Auberginen dazugeben, weitere 10 Minuten dünsten, würzen und mit Petersilie bestreut anrichten.

Lauchgemüse mit Austernpilzen

50 g Butter oder Margarine · 500 g Lauch · 1 Fenchelknolle · 400 g Austernpilze · 100 g Emmentaler reiben · 1 EL Mehl · 1/2 Becher Rahm · Salz, Pfeffer und Petersilie

Lauch und Fenchel in Butter weichdünsten, dann die Austernpilze dazugeben.
10 – 15 Minuten mitdünsten lassen. Inzwischen Mehl in etwas Wasser anrühren, den Schlagrahm dazugeben und zum Gemüse geben. Mit Salz, Pfeffer und Petersilie abschmecken. Emmentaler darüberstreuen. Dazu paßt Curry-Reis.

Austernpilze holländisch

pro Ei 20 g Austernpilze und 5 g Fett · kleingeschnittene Zwiebeln · gehackte Petersilie · Pfeffer und Salz

Pilzhüte in dünne Streifen schneiden. Zwiebeln glasig dünsten, Pilze zugeben und mit Salz, Pfeffer und Petersilie bestreuen, bis das Wasser verdampft ist. Gequirlte Eier dazugeben und braten.

Pilzauflauf

250 g Austernpilze · 1 kleine Dose Spargelstücke · 2 Eier · Paprikagewürz · 3 oder 4 Scheiben frischen Holländerkäse

Pilze waschen und dünsten. Die Spargelstücke und 2 verquirlte Eier (mit Paprika würzen) dazugeben. Die Masse in eine feuerfeste Form geben und mit Käsescheiben bedecken. Bei kleiner Flamme 10 – 15 Minuten garen lassen. Dazu Toast reichen.

Austernpilz-Croquetten Schweizer Art

500 g Austernpilze · 100 g geriebener Käse · 1 Ei · 170 g Paniermehl · Öl · Pfeffer, Salz und Petersilie, Knoblauch

Pilzhüte vierteln, in wenig Wasser gut 10 Minuten kochen. Wasser abgießen. Pilze ausdrücken und fein zerschneiden. Unter Zugabe von Käse, 20 g Paniermehl, Gewürzen und Ei walnußgroße Croquetten formen, im restlichen Paniermehl wenden und in heißem Öl braten. Vor dem Servieren mit geriebenem Käse bestreuen.

Austernpilze mit Knoblauchbutter

500 g Austernpilze, Pilzhüte ganz lassen · 60 g Butter · 2 EL feingehackte Petersilie · 2 EL feingeschnittener Schnittlauch · Zitronensaft · 2 Knoblauchzehen zerdrücken · Salz, frisch gemahlenen Pfeffer

Pilze in eine gebutterte feuerfeste Form schichten.
Butter mit Petersilie, Schnittlauch, Zitronensaft, Knoblauch, Salz und Pfeffer vermengen. Knoblauchbutter über die Pilze verteilen.
Im vorgeheizten Ofen bei 250 Grad 10 Minuten backen. Sofort servieren mit Toast.

Omelett von Austernpilzen

4 oder 8 Austernpilzhüte · 30 g Butter · 4 Eier · Öl · etwas Petersilie · Salz und Pfeffer

Die Austernpilzhüte säubern, in kleine Stücke schneiden und in einer Pfanne mit Öl und Butter kochen lassen, dabei von Zeit zu Zeit umrühren. Inzwischen die Eier mit einer Prise Salz und Pfeffer verquirlen. Die Pilze aus der Pfanne nehmen und abtropfen lassen. In einer anderen Pfanne Öl heiß werden lassen, die verquirlten Eier mit den Pilzen mischen und in die Pfanne geben. Die Pfanne von Zeit zu Zeit schütteln, damit das Omelette nicht anklebt. Wenn die Eier gestockt sind, das Omelett wenden. Mit kleingehackter Petersilie bestreut servieren.

Shiitake

Shiitake-Pilze werden seit einigen tausend(!) Jahren in Asien angebaut. Die Kulturmethode hat sich in dieser Zeit kaum verändert. Nach wie vor wird dieser Pilz auf langen Holzknüppeln vornehmlich in Japan nach Altvätersitte gezogen. Sie gelten dort als Lebenselexier und sind ein fester Bestandteil der Grundernährung. Wegen ihres hocharomatischen unverwechselbaren Geschmacks werden sie auch in deutschen Feinkostgeschäften, allerdings meist nur getrocknet, angeboten.

Voraussetzung für den Anbau

Die Kultur erfolgt auf Laubhölzern. Der Pilz kann auf Stämmen von etwa 40 cm Länge und bis zu 45 cm Durchmesser angesetzt werden. Ideal sind jedoch Knüppel von 1 m bis 1,5 m Länge und einem Durchmesser von 8 – 25 cm. Es eignen sich also auch Äste, die im Garten ja des öfteren anfallen. Allerdings sind wegen des guten Ertrages Birke, Buche, Eiche, Erle vorzuziehen. Die Auswahl der Hölzer nach Alter, Feuchtigkeit etc. wurde beim Austernpilz ausführlich beschrieben und gilt uneingeschränkt.

Shiitakepilze werden in Deutschland nur ganz selten frisch angeboten und erzielen dann Preise bis 80 Mark pro Kilo.

In Asien sind sie nicht nur wegen des feinen Aromas so beliebt, sondern auch wegen ihres hohen gesundheitlichen Wertes.

In wissenschaftlichen Langzeitversuchen wurde nachgewiesen, daß nach regelmäßigem Verzehr dieses Pilzes im menschlichen Organismus ein Antivirus- bzw. Antitumor-Effekt erzielt wird.

Außerdem wurde bewiesen, daß durch den Genuß von Shiitakepilzen der überhöhte Cholesterinspiegelwert im Blut schnell abgesenkt werden konnte. Die im Shiitakepilz enthaltenen Vitamine B_{12} und D_2 sind lebenswichtig. In grünen Pflanzen konnten sie bisher noch nicht nachgewiesen werden.

Shiitake, Pasaniapilz *(Lentinus edodes)*

Hut: anfangs eingerollt, später ausgebreitet (bis 20 cm); hellgelbbraun bis braun, rotbraun, mit zottigen weißlichen bis braunen Schuppen. **Blätter** (Lamellen): weißlich, gelblich, bräunlich. **Stiel:** 3 – 10 cm hoch, 0,5 – 1,5 cm dick, weißgrau bis bräunlich. Vergänglicher Schleier (Cortina) bei jungen Pilzen ringähnlich. **Wert:** ausgezeichneter Speisepilz. Gilt auch als Medizin, da er Cholesterinspiegel im Blut verringert. Hut, Lamellen und Stiel bei Druck dunkel fleckend.

Anbau – Beimpfung – Durchwachszeit – Ernte – Pflege

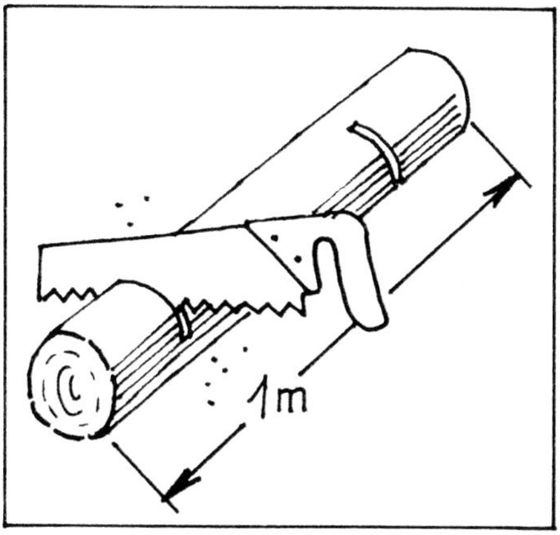

Die Beimpfung der Knüppel erfolgt mit einer der beschriebenen Impfmethoden. Lediglich bei langen Knüppeln wird durch zwei Einschnitte ein zügigeres Durchwachsen ermöglicht. Von einem Ende des Stammes ausgehend erfolgt nach einem Drittel der erste, nach einem weiteren Drittel der zweite Einschnitt, allerdings auf der Unterseite des Holzes. Durch diese Art der Beimpfung sind die langen Knüppel natürlich wesentlich schneller durchwachsen.

Nach dem Beimpfen werden die Hölzer zum Durchwachsen ebenso schattig gelagert wie die Austernpilze. Feuchtes und warmes Klima um 20 Grad sind ideale Bedingungen für ein zügiges Myzelwachstum. Doch auch bei + 10 Grad wächst das Myzel zwar langsamer aber stetig weiter. Birke, das ja bekanntlich Weichholz ist, läßt die ersten Pilze nach etwa 3 – 6 Monaten erwarten. Allerdings bestenfalls über 4 Jahre hinweg. Dann ist das Weichholz aufgebraucht und zerfällt durch leichten Stoß zu Staub.

Buche und Eiche bringen ihre Fruchtkörper unter günstigen

Umständen nach 6 – 8 Monaten. Die Regel sind jedoch 8 – 12 Monate. Dafür ist bei diesen Harthölzern mit höherem Gesamtertrag und einer Kulturdauer bis zu 8 Jahren zu rechnen.

Für die Erntezeit werden die Stämme feuchtschattig aufgestellt, da die Pilze sich an jeder Stelle des Holzes bilden können. Ein Eingraben der Hölzer, wie beim Austernpilz geschildert, ist nicht unbedingt erforderlich. Es ist jedoch, gerade wenn ein Feuchthalten nicht immer gewährleistet ist, zu empfehlen. Im Freien wachsen die Pilze etwa von +10 bis +24 Grad; mit Unterbrechungen also von April bis November.

Da die Shiitakestämme für die Pilzbildung keinen Erdkontakt benötigen, können sie auch in einem Raum aufgestellt werden. Für die Fruchtkörperbildung muß jedoch mindestens +10 Grad herrschen. Leicht feucht gehalten wird man so auch im Winter mit diesen delikaten Pilzen versorgt. Diffuses Licht genügt völlig.

Lagerung der Stämme während der Durchwachszeit.

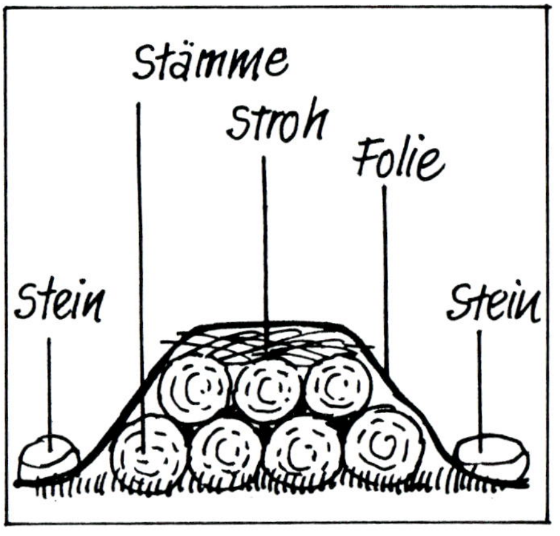

Shiitakefertigkultur im Mini-Gewächshaus ▶

Viel Freude haben Hobby-Pilzzüchter mit der Anlage eines eigenen Pilzgärtchens. Kombiniert man mehrere Pilzarten – wie die Abbildung zeigt – kann man nahezu das ganze Jahr über mit einer Pilzernte rechnen.

Die einzelnen Erntewellen verlaufen sehr unterschiedlich. Manchmal erscheinen in kurzen Abständen von einigen Tagen bis zu 20 Pilze an einem Stamm. Dann gibt es mitunter auch Pausen von einigen Wochen bis zu mehreren Monaten. Sollten just während einer Pausenzeit – etwa weil Besuch angekündigt ist – Pilze benötigt werden, so ist folgender Trick zu empfehlen. Das Holz wird mit einer Schnittfläche 3 – 4mal auf festem Untergrund kräftig aufgeschlagen. Aber Vorsicht, daß der Knüppel nicht auseinanderbricht! Schön feucht gehalten, bei Temperaturen um 20 Grad, erscheinen etwa 4 – 6 Tage später die Pilze.

Schädlinge – Mißerfolge

Shiitakepilze werden relativ selten von Schädlingen heimgesucht. Lediglich vor Schnecken sei auch hier gewarnt. Ebenso muß daran gedacht werden, die Impfstellen so gut wie möglich mit der Plastikfolie abzudichten. Es kann ansonsten, vor allem in der heißen Jahreszeit, passieren, daß Fliegen bzw. deren Maden die Brut verderben, ehe sie in den Stamm einwachsen konnte.

Shiitake – delikate Speisepilze

Shiitakepilze sind eine ausgesprochene Delikatesse. Weil die Pilze einzeln erscheinen, sollte man stets auch für wenig Exemplare eine Zubereitungsmöglichkeit finden. Dies ist eigentlich ganz einfach und erfordert nur etwas Mut für Neues. Ein paar Beispiele seien hier als Anregung aufgeführt.

Schon ein, zwei Shiitakepilze sind ausgezeichnet zur Geschmacksverbesserung von Saucen und Gerichten geeignet: zu Wild, zu Schnecken, zu Chinesisch, in Käsespätzle, in allen Salaten, auf Pizzas, zu Nudelgerichten wie etwa Spaghetti, auf Toast, zu allen Braten, als Fülle zu Geflügel usw.

Sie sind sehr gut zum Trocknen geeignet. Dabei müssen die Fruchtkörper nicht kleingeschnitten werden. Die kompletten Fruchtkörper können im Backofen bei 50 Grad solange getrocknet werden, bis sie sich brechen lassen. In Einweckgläser o.ä. luftdicht verschlossen, sind sie nahezu unbegrenzt haltbar. Selbstverständlich können sie auch eingefroren werden. Im Kühlschrank ist der Pilz bis zu 5 Tagen haltbar.

Käsespätzle

400 g Mehl · 4 Eier · Salz · etwas Wasser · 50 g Butter · 1 Zwiebel · 3 große Shiitake · 200 g geriebener Emmentaler · 1 Bund Schnittlauch

Aus Mehl, Eiern, Salz und Wasser einen geschmeidigen Teig schlagen. Den Teig mit dem Spätzlehobel in kochendes, leicht gesalzenes Wasser schaben. Die Spätzle sind gar, wenn sie im Wasser hochkommen. Während sie abtropfen, Zwiebel schälen, würfeln und in der zerlassenen Butter glasig dünsten. Die Shiitake abbrausen, kleinschneiden, zu den Zwiebeln geben, mit Salz und Pfeffer würzen und fünf Minuten braten lassen. Die Spätzle in die Pfanne schütten, mit Zwiebeln, Shiitake und dem geriebenen Käse mischen. Über kleiner Hitze unter Rühren weiterbraten bis sich der Käse aufgelöst hat. Vor dem Servieren gewaschenen und gehackten Schnittlauch auf die Kässpätzle streuen.

Tomatensalat mit Shiitake

3 – 4 Shiitakepilze abbrausen und in nicht zu kleine Stücke schneiden. In wenig zerlassenen Butter dünsten, leicht salzen. Nach ca. fünf Minuten vom Herd nehmen.
500 g feste Tomaten achteln, eine Zwiebel in Ringe schneiden und mit den Shiitakestücken in der Salatschüssel mischen.
Für die Marinade eine zerdrückte Knoblauchzehe mit 5 Eßlöffel Öl und 3 Eßlöffel Essig verrühren. Mit Salz, Pfeffer und einer Prise Zucker abschmecken. Petersilie kleinhacken und mit der Marinade über den Salat gießen. Salat mischen und vor dem Servieren noch gut durchziehen lassen.

Stockschwämmchen

Von Mai bis Oktober fristet dieser kleine unscheinbare Pilz, in unseren Wäldern weit verbreitet, ein undankbares Schattendasein. Dabei übertrifft sein Aroma den Pfifferling und ist ihm an Nährwert weit überlegen. Erst in allerjüngster Zeit wird das Stockschwämmchen auch verstärkt von Pilzfreunden und Genießern angebaut. Wer es einmal gegessen hat, wird es stets zu seinen Lieblingspilzen zählen.

Stockschwämmchen, Laubholzschüppling
(Kuehneromyces mutabilis)

Hut: anfangs polsterförmig, dann flach mit leichtem Buckel (4 – 9 cm), gelbbraun, zimtbraun, bei Feuchtigkeit mit gut abgesetzter dunkler Randzone (hygrophan). **Blätter** (Lamellen): gelblich, beim Sporen rostbraun. **Stiel:** schlank, 4 – 10 cm hoch, 0,5 – 0,9 cm dick. Beringt. Über dem Ring blaß, darunter rostbraun mit kleinen Schüppchen bedeckt. Zum Fuß schwärzlich.

Voraussetzung für den Anbau

Das Stockschwämmchen tritt in der Natur als Holzbewohner auf. Die Kultivierung erfolgt auf Laubholz. Gut geeignet sind Eiche, Buche, Birke, Pappel, Weide, Erle und ähnliche Arten.

In Frage kommt selbstverständlich nur gesundes Laubholz. Die Auswahl der Stämme nach Alter, Feuchtigkeit etc. ist auch hier uneingeschränkt anzuwenden.

Anbau – Beimpfung – Durchwachszeit – Ernte – Pflege

Stämme von 25 – 50 cm Durchmesser und etwa 40 cm Länge sind für die Kultur ideal. Jedoch können auch stärkere Hölzer noch gut verwendet werden.

Als Impfmethode empfiehlt sich die Schnittimpfung. Da die Brut etwas empfindlicher ist, garantiert diese Methode den sichersten Erfolg.

Die Beimpfung sollte so sauber wie möglich vorgenommen werden. Wenn möglich wird die Brut gar nicht berührt, sondern gleich aus der Packung in den Schnitt eingefüllt.

Nach dem Abdecken der Schnitte mit Plastik lagert man die Stämme feucht und schattig. Für zügiges Durchwachsen sind Temperaturen um 20 Grad günstig. Solange das Myzel den Stamm besiedelt, benötigt die Anlage keinerlei weitere Pflege. Mit der ersten Fruchtkörperbildung ist bei Weichholz nach etwa 12 Monaten, bei Hartholz frühestens nach 16 Monaten zu rechnen. Dies natürlich nur, wenn die Temperaturen während der Durchwachszeit um 20 Grad lagen.

Die Stämme des Stockschwämmchen werden für die Erntezeit – wiederum feucht und schattig – etwas in den Boden eingegraben. Der Pilz erscheint gewöhnlich von April bis Oktober in mehreren Erntewellen. Meist sind ganze Büschel auf einmal zu ernten. Sie werden so nah wie möglich am Holz abgeschnitten, sobald die Hüte etwa waagerecht ausgewachsen sind.

In manchen Gegenden wird der südliche Schüppling ähnlich kultiviert.

Während der mehrjährigen Ernte verbleiben die Stämme an Ort und Stelle. Frost schadet ihnen nicht!

Schädlinge – Mißerfolge

Meist sind Mißerfolge auf unsauberes Vorgehen während der Beimpfung zurückzuführen. Deshalb muß hierauf besonders geachtet werden.

Auch vor Schädlingen ist zu warnen. Durch den starken Duft des Stockschwämmchens werden in erster Linie Schnecken angelockt. Vorbeugen wie beschrieben. Doch auch andere Tierchen und sogar Vögel machen sich mitunter an diesem Pilz zu schaffen. Falls dies des öfteren geschieht, kann ein Drahtgeflecht um die Hölzer gute Dienste leisten.

Stockschwämmchen – delikate Speisepilze

Stockschwämmchen können im Kühlschrank ohne weiteres 3 – 4 Tage lagern. Sie eignen sich für alle Zubereitungen und dürfen auch eingefroren werden. Bedingt durch sein starkes Aroma wird er oft zur Verfeinerung von Saucen verwendet. Auch als Suppe ist dieser Pilz eine Delikatesse. Die holzigen Stiele werden weggeschnitten.

Risotto

2 Tassen Reis · Speiseöl · 500 g Stockschwämmchenhüte · 2 Zehen Knoblauch durchpressen · 1 TL Tomatenmark · Pfeffer · Salz

Reis in etwas Öl anrösten. Pilze in Knoblauch und Tomatenmark und etwas Fett andünsten. Reis im Topf halbfertig garen. Pilze unterrühren, würzen und fertig garen. Wer das Gericht herzhaft liebt, kann noch einmal pfeffern und mit Paprika bzw. Curry abschmecken.

Stockschwämmchensuppe

nach alter deutscher Küche

Pilzhüte in fettem oder magerem in Würfel geschnittenem Speck andünsten und in bedecktem Geschirr fertig garen. Brühe dazugeben, mit Mehl oder Mehlschwitze binden und mit Kümmel, Salz und schwarzem Pfeffer aus der Mühle würzen. Die Einlage besteht traditionell aus Klößchen von gekochten Kartoffeln.
Die Suppe wird gern mit einem Schuß Weinessig gesäuert, andernorts auch mit Rahm und Kräutern verfeinert, dafür nicht mit Mehl gebunden.

Böhmische Klöße

2 EL Butter · 500 g Stockschwämmchenhüte fein hacken · 1/4 l Milch, 400 g Semmelbrot · 3 Eier · etwa 100 g Mehl · feingehackte Kräuter, Salz

In der Hälfte der Butter Pilze fast gardünsten (5 Minuten). Das in heißer Milch eingeweichte Semmelbrot mit den Pilzen, Eiern, dem Mehl, Salz, den Kräutern und der restlichen Butter zu einem geschmeidigen Teig verkneten.
Kleine etwa tomatengroße Klöße formen und in gesalzenem Wasser nach kurzem Aufwallen ca. 10 Minuten ziehen lassen. Zu Gemüse mit Specksauce servieren.

Samtfußrübling, Winterpilz (Flammulina velutipes)

Er zählt wegen seiner mutmaßlich krebshemmenden Wirkstoffe und seiner guten geschmacklichen Eigenschaften zu den wichtigsten Kulturpilzen in Japan. Man kann unter Umständen schon Erträge erzielen, wenn man sporenreife Pilzhüte auf frische Linden-, Roßkastanien- und Weidenstubben legt, besonders auf solche mit Reiserbildung.

Linseneintopf

Stockschwämmchen passen gut zu Hülsenfrüchten. Schon unsere Großeltern kannten folgendes Rezept aus alter Überlieferung:

200 g Linsen · 300 g Stockschwämmchenhüte zerreißen · 1 EL Bienenhonig · 1 EL Kräuteressig · Sardellenpaste · Koriander, Kümmel, Pfeffer · getrocknete, in Wasser eingeweichte Pfefferminzblätter

Die über Nacht eingeweichten Linsen weichkochen, Pilze dazugeben und weitere 10 Minuten garen. Alle Zutaten darangeben und aufwallen.
Topf vom Feuer nehmen und 10 Minuten ziehen lassen.

Stockschwämmchen in Speck (Berliner Art)

Stockschwämmchenhüte abbrühen, in ausgelassenem Speck garen, mit Majoran, Kümmel, Salz und Pfeffer würzen, leicht mit Mehl binden und zu Röstkartoffeln, grünem Salat und Preiselbeeren servieren.

Pilzsuppe nach Hausmacherart

Kräuter in Fett andünsten, Stockschwämmchenhüte dazugeben und im eigenen Saft garen. Mit Brühe aufgießen, pfeffern und salzen, mit einer geriebenen Kartoffel binden und mit gerösteten Brot- oder Speckwürfeln servieren.
Variante: die Suppe entweder gar nicht oder mit Kartoffelmehl binden oder von Anfang an Kartoffeln mitkochen. Die Pilze sind mit den Kartoffeln gar.

Stockschwämmchen-Hausgericht

Stockschwämmchenhüte abbrühen und in braun gedünsteter Zwiebel und einigen ausgepreßten Knoblauchzehen garen, salzen, pfeffern, mit Mehl bestäuben, 1/2 Tasse kräftige Brühe heiß aufgießen und servieren, sobald das Gericht gut eingedickt ist. Passend zu Reis oder Kartoffelpürree.

Samtfußrübling

Der Samtfußrübling bringt seine Fruchtkörper in der Natur vornehmlich in der kalten Jahreszeit, daher auch seine zweite Bezeichnung „Winterpilz". Er ist recht leicht zu kultivieren und wird vor allem in Asien in großem Umfang angebaut.

Der Anbau erfolgt auf Laubholz und ist mit dem Austernpilzanbau identisch. Es sind nahezu alle Laubholzarten geeignet. Auch die Anlage auf Stubben ist gut möglich, wenn der Baum nicht länger als 8 Monate gefällt ist.

Nach dem Impfen und Durchwachsen an einem feuchten Ort werden die Hölzer wie bekannt an einem schattigen Platz im Garten eingegraben.

Die Ernte erfolgt in einem Bereich von etwa +2 bis +14 Grad, also etwa von Oktober bis April.
Wissenschaftliche Versuche vor allem in Japan haben ergeben, daß Samtfußrüblinge das Wachstum von Krebszellen hemmen.

Ein Anbau ist zusätzlich interessant, da Frischpilze mitten im Winter natürlich etwas besonderes sind.
Der Samtfußrübling wird genauso zubereitet, wie das Stockschwämmchen.

Anbau auf anderem Nährboden

Violetter Rötelritterling

Auch der Anbau des Ritterlinges steckt noch in den Kinderschuhen. Deshalb ist ein gewerblicher Anbau noch nicht durchgeführt. Doch unter bescheidenen Gesichtspunkten kann die Kultur viel Freude bereiten.

Als Substrat wird Champignonkompost verwendet und gut mit der Brut durchmischt. Nach etwa 14 Tagen wird mit Erde abgedeckt. Der erste Ertrag setzt nach weiteren 2 – 3 Wochen ein. Pilze erscheinen jedoch nur, wenn die Temperatur unter + 15 Grad liegt. Eine Anlage im Freien ist also nur im Herbst oder Frühjahr sinnvoll. In Kellerräumen kann er dagegen nahezu ganzjährig gezogen werden. Die gesamte Erntezeit erstreckt sich über 10 – 14 Wochen.
Die Pilze sollten nicht roh verzehrt werden. Ihr leicht süßliches Aroma wird von vielen als Besonderheit angesehen.

Violetter Rötelritterling, Nackter Ritterling

(Lepista nuda)

Hut: anfangs halbkugelig, später ausgebreitet bis niedergedrückt (6 bis 25 cm), violett, braunviolett. **Blätter** (Lamellen): in der Hutfarbe. **Stiel:** kräftig, bis 18 cm hoch, 0,5 bis 3 cm dick. In der Hutfarbe, ausblassend.

Parasol, Riesenschirmpilz (Macrolepiota procera)

Er ist einer der beliebtesten und bekanntesten Speisepilze überhaupt. Nachdem sich die Schirmpilze ähnlich den Champignon-Arten ernähren, glaubt man schon seit einigen Jahren, daß es irgendwann gelingen müßte, auch Parasolpilze und verwandte Schirmpilzarten anzubauen. Bisher sind jedoch – außer unter Laborbedingungen – noch keine nennenswerten Zuchtergebnisse erzielt worden.

Schopftintling

In manchen Jahren massenhaft in der Natur anzutreffen ist dieser Vertreter der Tintlinge. Im Volksmund wird er wegen Aussehen und Geschmack auch Spargelpilz genannt. Er ist als Kulturpilz für den Erwerbsanbauer noch nicht endgültig erforscht, kann jedoch vom Pilzfreund recht einfach gezogen werden.

Das größte Problem kann die Beschaffung der Nährgrundlage (Substrat) sein. Es wird am besten fix und fertiges Champignon-substrat verwendet, da die eigene Kompostherstellung viel zu aufwendig ist.

Champignonsubstrat erhält man von jedem Champignonanbauer in Kübeln oder Plastiksäcken. Der Kompost wird mit der Tintlingsbrut gespickt. Dabei wird die Brut mit sauberen Händen unter das Substrat gemischt. Bei Temperaturen um 20 Grad ist die Anlage nach etwa 4 Wochen vom Myzel durchwachsen. Es wird anschließend mit einer 5 cm dicken Schicht Erde oder Torf abgedeckt, die stets leicht feucht sein muß.

Nach weiteren 4 Wochen ist dann mit der ersten Ernte zu rechnen. Sie erstreckt sich in etlichen Wellen über etwa 2 Monate.

Schopftintlinge werden durch Herausdrehen geerntet, solange die Hüte noch geschlossen sind. Sie schmecken sehr fein – ähnlich Spargel – und können für viele Gerichte verwendet werden.

Champignon, Egerling

Etliche Leser mögen fragen, warum der Champignonanbau nicht behandelt wurde. Dazu folgendes:

Die Kultivierung von Champignons (Egerlingen) ist für Laien umständlich und führt recht häufig zu Mißerfolgen, da die Herstellung des Champignon-Nährbodens (Substrat) spezielle Fachkenntnisse voraussetzt.

Wer Champignons im Garten (Keller, Balkon) anbauen möchte, besorgt sich am besten eine sogenannte Fertigkultur.

Diese gibt es in etlichen Garten-centern und Fachgeschäften. Solchen Kulturen ist eine genaue Anleitung beigefügt, und es ist auch für Laien ganz unproblematisch, lohnenswerte Erträge zu erzielen.

Pilzforschung

In den letzten Jahren hat neben dem Champignon (Egerling) eine Reihe von Pilzarten einen ungeheuren Aufschwung erlebt.

Dies ist natürlich nur durch gezielte Forschung möglich. In fast allen Ländern der Erde werden ungezählte Versuche unternommen, um möglichst viele Waldpilze zum Anbau „in den Griff“ zu bekommen.

Etliche scheinen in naher Zukunft auch im Hobbygarten gezogen werden zu können. Darunter sind einige Schirmpilzarten, wie der beliebte Parasol und der Rötende Schirmpilz. Auch Trüffeln werden bereits in Kultur genommen, doch sind bisher kontinuierliche Erträge noch nicht zu erwarten.

Der Anbau unserer beliebten heimischen Steinpilze und Pfifferlinge ist trotz mancher Sensationsmeldung noch reine Zukunftsmusik. Die Schwierigkeit bei diesen Pilzen liegt darin, daß sie mit bestimmten Pflanzen – in erster Linie Bäumen – in einer engen Gemeinschaft leben. Dieses äußerst komplizierte „Wunder der Natur“ konnte bisher nicht entschlüsselt werden. Vielleicht ist es auch gut so. Denn was bliebe vom Reiz des Lebens, wenn alle Geheimnisse gelüftet würden.

Der Autor:

Willy J. Hawlik, Jahrgang 1952, lebt heute in 8021 Großdingharting bei München.
Von Kindesbeinen an begeisterter Pilzfreund, später zuerst Hobby-, bald gewerblicher Pilzanbauer.
Jetzt Inhaber und Leiter eines großen Anbau- und Brutversandbetriebes und gefragter Experte in Fragen des Waldpilzanbaus.

Der Anbau unserer beliebten heimischen Steinpilze und Pfifferlinge ist trotz mancher Sensationsmeldungen bisher noch nicht möglich (Seite 63).

Willy J. Hawlik

Waldpilzzucht für jedermann

Erfolgsanleitung
für den Anbau von Waldpilzen
auf Stroh oder Holz

Mit vielen Zubereitungstips
und Rezepten

Waldpilzzucht für jedermann

Waldpilzzucht im eigenen Garten wird – trotz mancher Aufklärung in Presse, Funk und Fernsehen – immer noch von vielen belächelt. Das heimliche Tippen an die Stirn ist meist nicht zu übersehen: „Waldpilze kann man doch nicht züchten!“
Inzwischen haben viele tausend begeisterte Pilzfreunde diese Zweifler Lügen gestraft, und die Zahl der Hobbyanbauer wächst täglich.

Dieses Buch ist für all jene geschrieben, die wie ich ein Hobby entdeckt haben (oder jetzt entdecken werden), das zur Leidenschaft wurde. Für mich wurde diese Leidenschaft sogar zum Beruf.
Sollte auch der eine oder andere Skeptiker überzeugt werden, so hat mein Buch seinen Zweck erfüllt.

Willy J. Hawlik
Waldpilzzüchter
Frühjahr 1983

Verlag und © 1983: Dr. Richter GmbH, Gerstäckerstraße 4, 8000 München 82
53.–61. Tsd. 1984

Satz: VerlagsSatz Kort GmbH, München
Lithoarbeiten: Reprotechnik Böttner GmbH, München
Herstellung: Druckerei St. Otto-Verlag GmbH, Bamberg

Fotos: Willy Hawlik, Großdingharting; Egon und Johanna Arnold, Kandel; Thomas Richter, München; Verlagsarchiv.
Zeichnungen: Edmund Jeschka, Giengen

Printed in W.-Germany

ISBN 3-923090-07-2 DM 6,95 sf 6,50 öS 50

Inhalt

Anbau auf Stroh

Die drei Voraussetzungen

Um delikate Speisepilze auf Stroh erfolgreich anlegen zu können, bedarf es verblüffend wenig:

1

passender Ort für die Anlage .... *Seite 6*

2

gesundes Stroh .... *Seite 8*

3

Pilzbrut (Samen) .... *Seite 9*

Wann ist die beste Anlagezeit?

Die günstigsten Zeiten für eine Braunkappenanlage sind Frühjahr (nach der Schneeschmelze) und Herbst (bis Dezember).

Grundsätzlich kann die Anlage jedoch das ganze Jahr über vorgenommen werden. Nur kann es bei einer späten Anlage (etwa ab Juli) vorkommen, daß die ersten Pilze erst im folgenden Frühjahr erscheinen.

Braunkappe (Träuschling)

Seit etwa 20 Jahren wird die Braunkappe angebaut. In der Bundesrepublik Deutschland hat dieser schmackhafte Speisepilz seinen Siegeszug erst vor wenigen Jahren begonnen. Innerhalb kürzester Zeit ist er dann zum meist angebauten Pilz bei Hobbygärtnern und Pilzfreunden geworden.

Auch der Erwerbsanbau ist sprunghaft angestiegen, wohl vor allem, da sich die erforderlichen Investitionen auf ein Minimum beschränken.

Eine Anlage ist nur auf Stroh sinnvoll. Die Kultur ist etwa 4 Monate ertragreich; pro Strohballen kann man bei Beachtung der Anweisungen mit einem Ertrag von durchschnittlich 3 bis maximal 10 Kilo rechnen.

Anbau auf Stroh

(Braunkappe und Austernpilz)
Einjährige Kultur

Der Anbau selbst ist ganz einfach und von jedem Anfänger durchführbar. Er beschränkt sich vor allem auf folgende Arbeiten:

1. Strohballen wässern . . . Seite 11

2. Löcher eindrücken . . . Seite 14
3. Brut in Löcher stopfen . Seite 15

4. Ballen halbschattig im Garten lagern . . . . Seite 6

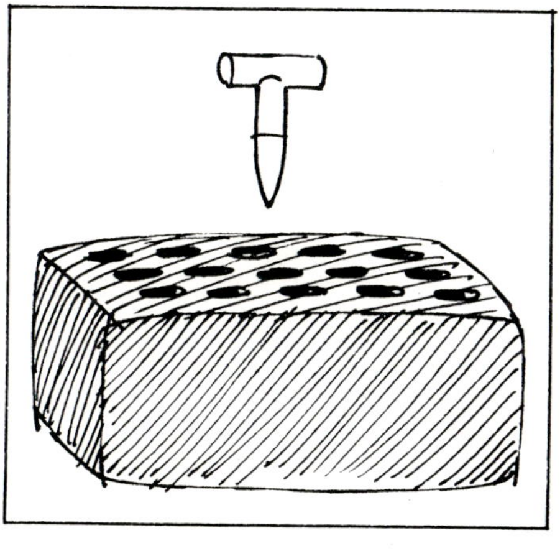

Die drei Voraussetzungen: Ort der Anlage

1

Garten

Die Kultur kann in jedem Garten angelegt werden, da sie kaum Ansprüche an ihre Umgebung stellt. Ob schattig unter Busch oder Baum, ob halbschattig oder sonnig, sie findet überall im Garten ein Plätzchen. Wichtig ist lediglich, daß die Strohballen Erdkontakt haben, also nicht auf Beton, Platten oder Folie gelegt werden.

Liegen die Ballen nebeneinander, muß ein Abstand von etwa 40 cm eingehalten werden, da die Pilze auch an den Seiten erscheinen.

Bei der Wahl des Kulturplatzes wird von der Überlegung ausgegangen, ob man in den heißen Sommermonaten Zeit findet, die Kultur stets leicht feucht zu halten. Wer sich also um die Anlage so wenig wie möglich kümmern will oder kann, sollte sie auch so schattig wie möglich plazieren.

Dem Laien ist zu empfehlen, die Kultur halbschattig unter Busch oder Baum anzulegen. So kann die Sonne das Stroh gut durchwärmen, was ein zügiges Durchwachsen des Myzels zur Folge hat. Andererseits trocknen die Ballen nicht zu schnell aus, so daß sich die Pflegearbeit in Grenzen hält.